赤と黒の占術

勝者の占術〜不幸の法則

うすいはるみ

監修＝すみだ喜子

作品社

はじめに

『赤と黒の占術』……『赤』は欲望と怒り、『黒』は嫉妬、不安、苦しみ、悲しみ。

全ての人の心の中には「悪」が潜んでいます。完璧な、善良な人などいないし、もし、あなたが、「私は思いやりもあり、人のやりたがらないことも率先してやる、しっかり者だと思うけど」なんて思っているとしたら、あなたのそういう「思い上がり」こそが、あなたの欠点であり、あなたの悪いところだと思ってください。

人はなぜ不幸になるのでしょう?

なぜ、不幸の連鎖から逃れられないのでしょうか?

なぜ、人を恨《うら》み、不安に怯え、些細なことに腹をたて、怒り、悲しみ、苦しむのでしょうか?

「自分は嫉妬したり、人を恨んだりしないし、あまり腹もたたない」なんて思っている人は、自分に嘘《うそ》をついて、自分を誤魔化《ごまか》しているだけです。心の奥底には、怒りや嫉妬《しっと》が蛇のように鎌首を持ち上げ、それをあなたの偽善心が抑えて隠しているだけのことです。そんな自分を「醜い」と思わないのでしょうか。

不幸な人は持って生まれた宿命に、その人の心の闇が合わされ、不幸が不幸を呼んでしまうのです。

そんな人が、「暗黒の一週間」や「壊」「衰」の日を迎えると、必ず、負のスパイラルが働き、来たるべき悪運を招くようなことをしてしまいがちなのです。

こんな「不幸の法則」から逃れるためには、まず、心の闇を払ってください。

「災《わざわ》い転じて福となす」という言葉があります。

「捨てる神あれば、拾う神あり」と言います。

「善」と「悪」は表裏一体で、トランプのジョーカーのようなものです。

自分が持って生まれた悪運や、性格や行動パターンの悪いところを知って、そこを改めるようにすれば、吉凶逆転をさえ起こすのです。あなた自身が、それはあなたの長所だと思い込んでいる一面が、意外とあなたの短所だったりするのです。

本書によって、あなた自身を振り返ってみてください。そこにきっと自分の闇の部分に思い当たる鍵が見つかるはずです。

本書が、あなたの心の闇が払い、幸せなあなたへの一歩を踏み出すための糧《かて》となることを願います。

目次

二十七球&命球盤二十七球

年表 1935年～2017年

カバーイラスト＝模様絵師　翼
本文イラスト＝黒羽アカメ
命球盤＝詩織
装幀＝小川惟久

赤と黒の占術とは

赤と黒の占術とは

サブタイトル「勝者の占術～不幸の法則」にあるように、本書は宿曜《すくよう》占星術をベースに書かれた『勝者の占術』（すみだ喜子著）の副本となります。『勝者の占術』が陰陽の陽の部分であれば、『赤と黒の占術』は、その陰の部分になります。

勝者の占術とは、生年月日でズバリわかる己に打ち克《か》つための占星法です。

そのルーツは「宿曜経」による宿曜占星術にあり、太陽と月と星の運行から人間のタイプを二十七に分類し、そこからその人の性格、他人との相性、日の吉凶、年運などを知ることができる占星術です。

あなたが生まれた日に月があった位置、それがあなたの宿球（宿命球）を示します。俗に言う「持って生まれた運命《さだめ》」であり、あなたがそこに気が付かない限り、運命から逃れることはできません。しかし自分の宿命球を知る＝自分の「強いところ」と「弱いところ」そして自分でも気が付かなかった潜在的な能力を知り、日の吉凶を知ることで、起こりうる災難を避け、目の前にあるけれど気が付かなかったチャンスをつかむ可能性を手に入れることができます。対人関係も同様です。相手の宿命球を知ることで、相手の隠された性格や性質を知り、接し方をコントロールすることで良好な人間関係を構築することができ、無駄な衝突を避けることができます。

古来、平安貴族は政敵との政権争いに勝つためにこの占術を使い、戦国武将は軍略・戦術にこの占術を用い、己《おのれ》をより優位な位置へと導いたと言われています。そして現代においては、戦うことは弱い己に打ち克ち、あなたを妨《さまた》げる壁をあなたの力で打ち破り、あなたを勝者へ導く占術へと転じました。

己に打ち克ち、強い運気をつかむのが『勝者の占術』であれば、『赤と黒の占術』は、己を見失い、悪運に足を取られそうになった時に、不幸・不運から逃れるための占術です。

まずはあなたの宿命球を調べてみてください。あなたの宿命球が何かを知ることで全てが始まります。

この占術は、「読んで理解する」ものではなく、「使う」ものです。それにより、難を逃れることを知り、運をつかむことができるようになるのです。あなたの行く手に転がる石があれば、「石があるから、つまずいて転ぶかもしれないから気を付けて」と教えてくれるのが、この占術です。お守りを持てば、その石が無くなり、つまずかなくなるという占術ではありません。足元を妨げる石をあなた自身の力で避けて行くための占術なのです。

そして、「栄」「親」の日（詳しくは次節で）だからと甘んじて油断をしないこと。「壊」「衰」の日だから悪いことがあるのではなく、むしろ、ここに逆転のチャンスがあるということ。

占術は、それで決定されるものではなく、警告してくれる、傾向を示してくれるものです。

だから、幸運をつかむのも、悪運から逃れるのも、あなたしだいなのです。

あなたの宿命球を知る

早速、あなたの宿命球が何球かを巻末の命球表より調べてみましょう。

たとえば、あなたは昭和六十三年（一九八八年）十一月二十二日生まれだとします。命球表の昭和六十三年十二月二十二日のところを見ると「僧」と出ます。あなたの宿命球は「僧球」です。

日の吉凶を占う

それでは、あなたが知りたい日の吉凶を探しましょう。たとえば、平成二十六年（二〇一四年）十二月二十四日を命球表で探すと、「等」の日になります。次にあなたの宿命球「僧球」の命球盤（二六頁）を見て下さい。「等」の内側に「栄」と出ます。この日は、「栄の日」で、あなたにとって好調日であることがわかります。

このように二十七命球、人それぞれに吉凶の日がわかります。

そして、日の運勢には次の十一のパターンがあります。

「命《めい》の日」……本命球と同じ誕生の日です。生命の満ち潮の日であり、この日のあなたの言動は将来に強い影響を与えることになります。良い行いや善い発言を心がけましょう。後日、良い結果となり、あなたのもとに返ってきます。ただし、「挙動百事によろしからず」と言われている日でもあるので、慎重に過ごすと良いでしょう。

「栄《えい》の日」……運気が上がり、あらゆることに対して最好調日です。この日の積極的なあなたの行動は運を呼び込み、成功につながります。仕事運・金銭運の強い日でもあります。何事も早めの行動と前向きな取り組みが吉をもたらします。

「衰《すい》の日」……体力が落ち、体調不良を起こしやすい日です。そのため、健康面・精神面で落ち込みやすくなり、凡ミス・判断ミスに注意が必要な日となります。思い付きでの外出や寄り道はしない方が良いでしょう。身の丈どおりの自分が表れる日でもあるので、無理せずに過ごしましょう。

「安《あん》の日」……物事を穏《おだ》やかに安定させる気運の働く日です。心身ともにゆっくり休んで、翌日に備えて充電することで、良いリセットができます。また、旅行に出かけるのに吉の日とされています。好きなことをして心の充実感や満足感を得ると良い日になります。

「**危**《き》**の日**」……吉凶混合の日なので気持ちを上げれば運気は上昇します。広く交友を結び、楽しいことや喜ばしいことが起こり得ますが、気分の昂《たか》ぶりやすい日でもあるので、冷静な自制心を持つように心がけると良いでしょう。

「**成**《せい》**の日**」……物事が成就《じょうじゅ》へと導かれる日です。大事なことを決める・何かを始めるのに最適な日です。何をするにもこの日を選んでおけば上手《うま》くゆくでしょう。また、これまでにあなたが努力してきたことの成果が表れる日でもあります。

「**壊**《かい》**の日**」……あなたにとっての破壊作用が働く日です。何かと物事がスムーズに前に進みにくい日であり、また、思わぬところにトラブルや問題が潜《ひそ》んでいる日でもあるので、無理せず静かに一日を過ごしてください。一方で悪縁を切るのに良い日なので、辞める・終わりにすることは、この日が良いでしょう。

「**友**《ゆう》**の日**」……人間関係を築くには最適の日です。自分から積極的に人とかかわりを持ち、人脈をつくると良いです。また、ご無沙汰《ぶさた》している人に連絡をとったり、知人・友人と会うことが運気の上昇につながります。人間関係における追い風を得ている日なので、仕事も順調に進むでしょう。

「業《ぎょう》の日」……自分の前世《ぜんせい》が宿る日です。己の業を清算する日なので、謙虚な気持ちで仕事や人間関係に取り組むと良いでしょう。特別な理由がなければ、積極的に身の回りのことなどに手を付けていくのに良い日です。

「親《しん》の日」……強運に恵まれる日です。身近な人の言葉、目の前の仕事や出来事を再認識することでチャンスが訪れます。また、人との交流を広げることに対して、積極的に行動し、信頼関係を強めることが、ツキをもたらしてくれます。

「胎《たい》の日」……自分の行いを省《かえり》み、将来の計画を考えるための日です。この日は積極的な行動や、いつもと違う行動は避け、慎《つつし》み深く過ごすことで、あなたの中の吉相が働き出すきっかけとなります。この日はエネルギーがまだ満ちていない日であるため、心身ともに疲れが出やすく、物事が進みにくい日なので、ゆっくり充電することで、翌日からの運気が上がっていきます。

なお、「業」の日から七日間は業の精算、「暗黒の七日間」となります。この期間は自らを清め、厄《やく》を払う「清めの期間」「苦行の期間」となります。

注意すべき「暗黒の七日間」とその過ごし方

命球盤で「業」の日から左回りに、「壊」の日までの期間を「暗黒の七日間」と言います。この期間（業　栄　衰　安　危　成　壊）には凶運が働きやすく、特に注意を要する七日間となります。これは前世からのあなた自身が背負っている「業」の清算期間となっているために強い凶運が働いているのです。そのため、何事も上手くいかなかったり、ストレスも溜《た》まりやすく、事故や災難などの思わぬ不運に遭いやすくなります。この期間には無私無欲で善行を成すことです。

毎日の過ごし方としては、

①ビジネスの大事な決断はできるだけ避ける

②清い心で人に思いやりを持って接する

③強い自己主張をせず謙虚に過ごす

以上のポイントが大切になります。特に「暗黒の壊」の日は十分注意が必要ですが、焦らず、いつもの自分のペースを崩《くず》さずに平常心で一日を過ごしてください。何事も上手くいかなくても、「暗黒だから仕方ない」、「次、頑張ろう」という気持ちでこの期間を上手に乗り切りましょう。

三・九の法則

ここでは、「三・九の法則」の説明をします。命球盤の内側に「命」という文字があります。そこを基点に左回りに「命 栄 衰 安 危 成 壊 友 親」となります。その次に、「業」という文字を基点に左回りに、「業 栄 衰 安 危 成 壊 友 親」となります。最後に「胎」という文字を基点に左回りに「胎 栄 衰 安 危 成 壊 友 親」となります。このように九種類の相性が三グループありますので、これを「三・九の法則」と呼びます。外側には二十七球あり、内側にも二十七文字が入っていて、それぞれの球との相性となっています。これで様々な人との相性を占うことができます。

三・九の法則による対人関係の相性

❖命の関係

本質的に似た者同士で、縁の深い相手。自分と似ている分、相手を理解しやすい反面、同じ点で怒り、衝突してしまう関係でもあります。

・同性の場合

いつか、どこかで巡り合う宿縁《しゅくえん》で、初めて会った時から意気投合し、生涯、深い縁をもっています。

しかし、お互いの悪い面や欠点がぶつかると、激しく反発しあい、ときには憎しみあうこともあります。

・異性の場合

初めて会った時から惹《ひ》きつけ合い、恋愛に発展すれば、あっという間に恋の炎が燃え上がります。

同じ球同士が結婚した際、その球が穏やかな性質の球であれば、末永く幸福な夫婦となるでしょう。

その球が激しい性質であれば、最初は上手くいっていても、次第に摩擦・反発を生じ、泥沼の関係になるかもしれません。

しかし、離れようとしても離れられない縁なので、離婚に至るケースは少ないでしょう。

❖業・胎の関係

前世から、目に見えない赤い糸で結ばれているソウルメイトです。生活や生活環境が違っていても、人生の要所要所で出会う不思議な関係です。お互いを尊重しながら、それぞれの道を進むという縁です。

・**同性の場合**

性格が違っていても、お互いに、それぞれ自分にない良い所を相手に認めて、お互いの短所を補いながら、持ちつ持たれつの関係で付き合っていけます。ただし、後日、それぞれの道を進む時がきます。

・**異性の場合**

運命的な出会いを感じさせる同士で、燃え上がる恋ではなく、静かな深い愛情で結ばれていく仲です。

様々な障害や邪魔《じゃま》が入っても、見えない糸で結ばれているため、必ず結ばれる縁です。

結婚した場合、車の両輪のような夫婦となり、二人で同じ目標に向かって進んだり、共通の趣味を楽しんだりしていくと良いでしょう。しかし、二人という車輪をつなぐ車軸が失われかけた時、夫婦の倦怠期《けんたいき》がやってきます。

❖安・壊の関係

運命を破壊する因縁《いんねん》にあり、「安」の人が相手を壊し、「壊」の人は相手から壊されます。出会えば、惹かれあい、急接近し、得がたい存在になっていきながらも、後に、破壊の宿命が待っています。

・同性の場合

利害のない友人・距離をおいて付き合う友人であれば、心惹かれる良い友達となります。

些細なきっかけで敵愾心《てきがいしん》を持ち、憎悪《ぞうお》に変じるケースもあります。

ライバルであれば熾烈《しれつ》な争いになります。

・異性の場合

お互いに心惹かれて愛情へと発展します。結婚しようとすると、破壊の作用の働き、家庭の事情、年の差、不倫、周囲の反対などの障害が起きます。

善良な球同士であれば、円満な夫婦となりますが、いずれにせよ破壊の作用で、子供を授からないなどの悩みが生じます。

激しい球同士であれば、破綻《はたん》に至ります。

❖栄・親の関係

あらゆる面で栄え親しみ、お互いが豊かになれば最高の相性です。

・同性の場合

親しみをおぼえる間柄、お互い助け合える良いコンビとなります。利害がぶつかりライバルになっても、お互いの心に相手への尊敬の気持ちがある好敵手となります。喧嘩《けんか》をしても、必ず修復できる仲です。

・異性の場合

理想的なカップル・理想的な夫婦となる相性です。出会いの印象は薄くても、いっしょにいる時間を重ねるほどに、お互いの良さを認め合い、愛情を深め合っていけます。結婚に向けての障害もなく、結婚後も申し分のない円満夫婦になるでしょう。

ただし、幸せで満ち足りた生活が当たり前となり、退屈さを感じ、外に刺激を求めた際、冷《さ》めた関係になってしまうでしょう。

離婚の心配はほとんどありません。

❖友・衰の関係

価値観が同じで、心が通じ合い、意気投合して、すぐに仲良くなれます。「友」の人は、相手が尽くしてくれて、慕《した》ってくれます。「衰」の人は、相手を好きになり、相手のために尽くしたくなります。

・同性の場合

仲間意識が強く、相通じる部分もあり、居心地の良い友達になれます。仕事を離れて、プライベートな時間での良い友達となります。しかし、いっしょにビジネスをすると上手くいきません。

・異性の場合

永遠の「恋人星」とも呼ばれ、昼も夜も逢っていたいほど、お互いを好きになり、恋を語り、ロマンチックな気分に浸《ひた》ることができる最高の恋人同士となります。しかし、結婚に至ろうとすると、夢から現実に戻されたように、障害や問題がおこり、破局しやすくなります。恋人星なので、入籍せずに同棲《どうせい》の関係や夫婦別姓、割り切って、恋人同士のお付き合いだけの関係にしていると長続きします。再婚同士であれば、上手くいく縁でもあります。

❖危・成の関係

性格が対象的で、価値観が違い、互いに切磋琢磨《せっさたくま》しあう仲です。共通点がないので、自分の持っていない良さを相手に認めて、惹かれていきます。

・同性の場合

考え方も価値観も違うけれど、仲間として気が合い、一つのことをいっしょにやっていくパートナー的な存在となります。

遠慮なく物事を言い、また言われても受け入れることができます。しかし、最終的には、それぞれの道を歩むことになります。

・異性の場合

最初の出会いでは何とも思わず、何度か会ううちに、自分にない相手の魅力に新鮮な興味を持ちます。

もとより、出会いの縁は少ないのですが、出会い・付き合えば、友情から愛情、愛情から結婚と発展し、良い夫婦となり、素晴らしい子供に恵まれるでしょう。

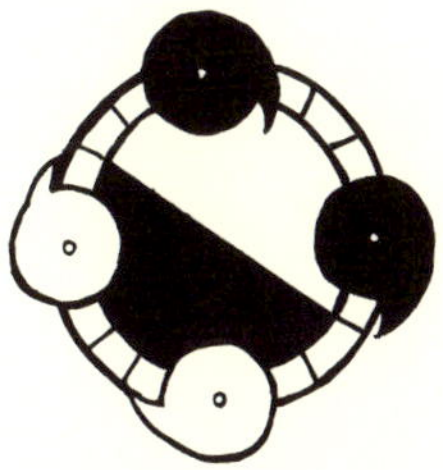

命球盤　十二宮

命球盤　十二宮

勝者の占術の命球盤は、月の軌道（白道《はくどう》）を、空・僧・声・多・識……と二十七に分類して、人の性格・相性・日の吉凶を占うのが基本です。しかし、この命球盤の外側には、十二の「宮」が取り巻いています。太陽が一年間に天球を運行する軌道を黄道《こうどう》と呼び、それを十二分割したものが「宮」です。

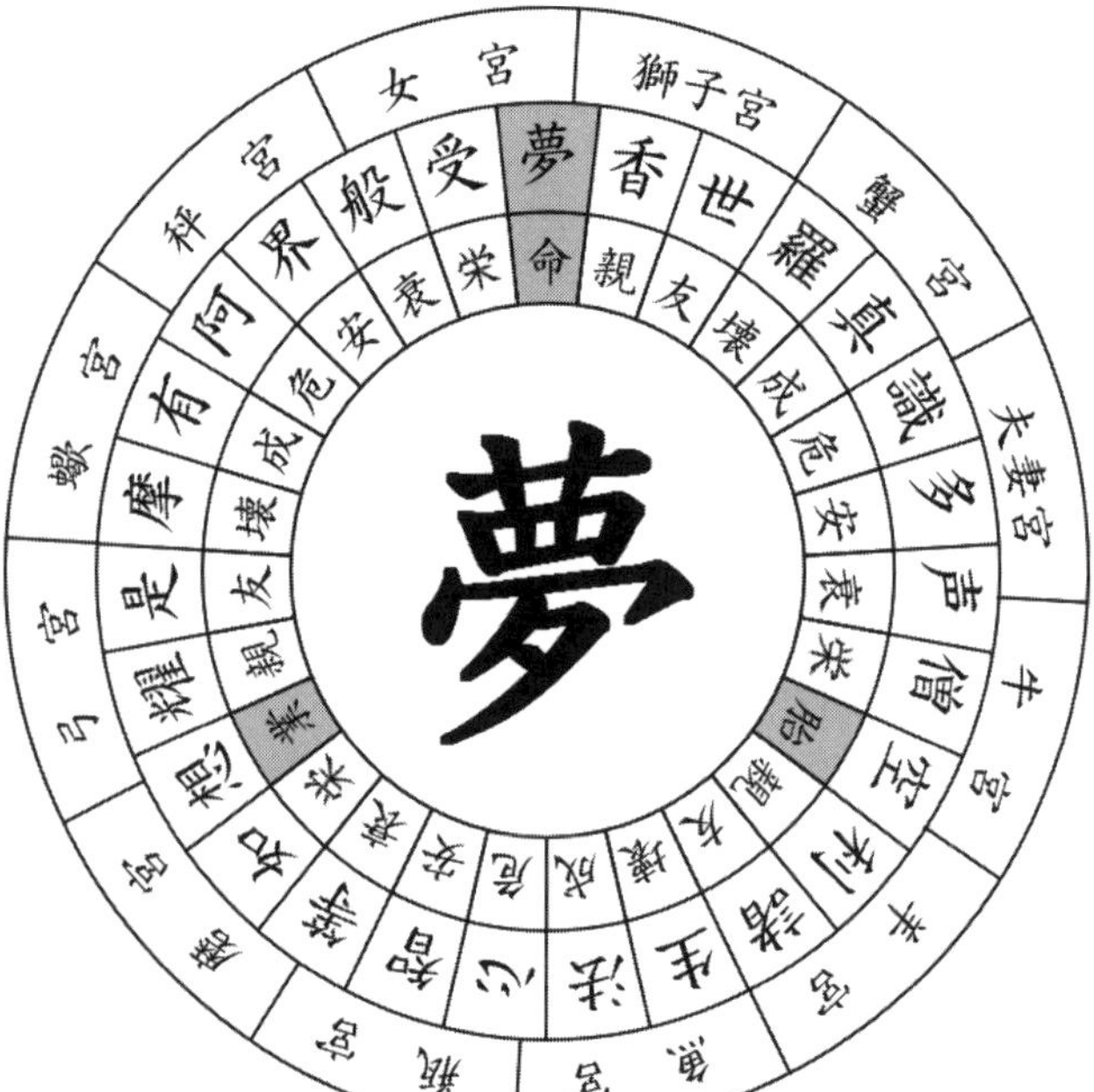

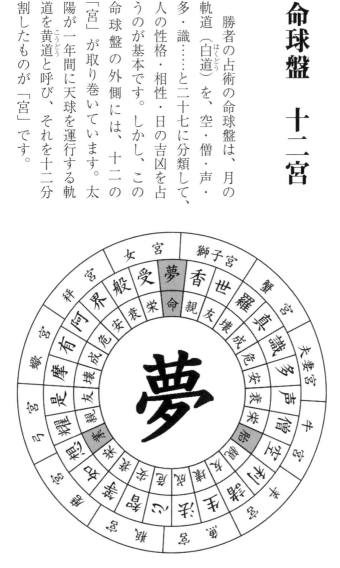

「獅子宮《ししきゅう》」「女宮《じょきゅう》」「秤宮《ていきゅう》」「蠍宮《かつきゅう》」「弓宮《きゅうきゅう》」……と十二宮あり、西洋占星術の獅子座、乙女座、天秤座、蠍座と名称は似ていますが意味合いは異なります。

二十七球のそれぞれの球宮は、太陽の十二宮に支配されています。

例えば、般球、界球、阿球を命球盤で見ると、般球は、女宮と秤宮の双方に二分の一ずつ、界球は秤宮の中にすっぽり入り、阿球は秤宮に三分の二、蠍宮に三分の一支配されていることがわかります（十二宮は、それぞれ九分割されているので、二十七命球は、十二宮に影響を受けています）。

☆牛宮《ぎゅうきゅう》　―　空球3、僧球4、声球2

多くの友人に囲まれて、人から尊敬され、金運にも恵まれています。幼児期に辛苦《しんく》があれば晩年の運気は高まります。呼吸器系の病気に注意すれば、長生きできる運があります。人を使って働くような仕事に向くとされています。

☆夫妻宮《ふさいきゅう》　―　声球2、多球4、識球3

人から愛され、恋愛に強い運の持ち主で、子供にも恵まれます。中年期に苦労の時期がありますが、それを乗り越えれば、これまでの努力が報われ実を結びます。秘密を守る仕事や管財業務に適しています。

☆**蟹宮《がいきゅう》 ― 識球1、真球4、羅球4**

聡明《そうめい》で学識があり、本心にある性格を人に見せません。人に施《ほどこ》しをすることを好みます。青年期に財運に恵まれなくても、壮年期以後富を得ます。弁舌《べんぜつ》を活かす仕事や司法関係の仕事で成功できます。

☆**獅子宮《ししきゅう》 ― 世球4、香球4、夢球1**

勇猛果敢《ゆうもうかかん》で統率力があります。生まれながらの仁徳《じんとく》を持ち、家族を大切にします。古来、軍人に適すとされ、現代ならば規律の厳格な職種に向いています。また、地位や財にも恵まれます。肉食を好みます。

☆**女宮《じょきゅう》 ― 夢球3、受球4、般球2**

思慮深く、本音を語らず、心の中で静かに物事を考えている人です。人に優柔不断《ゆうじゅうふだん》な印象を与えますが、芯《しん》のしっかりした人です。財運に恵まれますが、女性を相手にする仕事に才があります。長命富貴《ちょうめいふうき》です。

☆**秤宮《ていきゅう》 ― 般球2、界球4、阿球3**

謹厳実直《きんげんじっちょく》で正義感の強い人です。財政を管理する才能あり、天秤のように公平な感覚を持ち合わせています。財物管理の仕事に向き、自分の財を貯めるのも上手です。気が短くせっかちな面に注意が必要です。

☆蠍宮《かっきゅう》 ― 阿球1、有球4、摩球4

苦難を乗り越えて、学業・職務を成就させる人です。慈《いつく》しみの心が深いので、医療・福祉関係の仕事に向いています。やや嫉妬深い性格なので注意しましょう。寛容の心を学べば運気はますます上昇します。

☆弓宮《きゅうきゅう》 ― 是球4、耀球4、想球1

探究心旺盛《おうせい》で知略に富み、綿密な計画を立てていくことを得意とします。人望があり、リーダーの器です。ただし目的達成のために人を傷つけやすいので、一歩譲ることで難を避けるように心がけましょう。

☆磨宮《まきゅう》 ― 想球3、如球4、等球2

闘争を調停する立場にありながら、闘争に巻き込まれていく運を持っています。冷静沈着で、心は繊細《せんさい》にして大胆《だいたん》、強い野望を秘めています。司法関係の仕事に向いていますが、世間的にマイナーな仕事で意外な適性を発揮できます。

☆**瓶宮《へいきゅう》　―　等球2、智球4、心球3**
誠意があり、言行一致の人です。学問を好み、人の悪行を清浄にする知恵があり、人に施しをする心を持ち、教育関係の仕事に向いています。何を為《な》すにも強い運を持っていますが、財を保持することが難しいので気をつけましょう。
☆**魚宮《ぎょきゅう》　―　心球1、法球4、生球4**
勤勉で学識があり、過《あやま》ちを起こさない人です。家族を養い、先祖の供養《くよう》をすることで運気は高まります。公職関係に適し、司法や秘書にも向いています。争いを好まない長寿の運があります。
☆**羊宮《ようきゅう》　―　諸球4、利球4、空球1**
辛抱強く、用心深く、健康長寿の運を授かっています。信じる道を貫き、商才に優れているため、自営業に向いています。特に、食品関係や料理関係の仕事に適しています。目上の人の導きで多くの人気を得ます。

二十七球&命球盤二十七球

空球《くうきゅう》

◉財運あり。長寿。忍耐強さあり。

◉気品高く、人から引き立てられ、尊敬を受ける。

❖空球の性格と運命

空球の人は先祖の加護を授かる運命の下に生まれているので、困難に陥《おちい》ったとき、地位ある人や身近な人から、救いとなる助言や援護があり、問題を解決できるという恵まれた運命にあります。健康にも恵まれ、病気になりにくい体質で、長寿の人が多く、財運にも恵まれています。

しかし、こうした恵まれた環境に生まれ育った空球の人は、逆境に弱く、周囲から見れば、とるに足らないような些細なことに悩み、ストレスを抱えてしまう傾向にあります。

芸術や学芸的なことへの関心が高く、ハイクラスな人達とのお付き合いが広がりますが、反面、世の中に疎《うと》く、世間知らずで、わがままな人も少なくありません。そういう意味でも、自分と同種の人と付き合う方が無難です。また、人から尊敬されても、人としての器が狭量なため、リーダーには向きません。

これに空球特有の気品の高さが加わると、「気位《きぐらい》が高くて、上から目線の人」とあらぬ誤解を招いてしまうこともあるので、注意が必要です

また、肉親間、特に親子間でのトラブルがおこりやすい球でもあります。

❖三・九の法則による対人関係相性

命の関係　空球
業・胎の関係　夢球・想球
安・壊の関係　多球・生球・智球・羅球・界球・摩球
栄・親の関係　僧球・利球・如球・香球・受球・耀球
友・衰の関係　諸球・声球・世球・等球・是球・般球
危・成の関係　識球・法球・心球・真球・阿球・有球

❖空球の恋愛・結婚

空球の女性は、美人が多く、会話の話題も豊富で魅力的です。しかし、女性としての色気に乏《とぼ》しく、プライドが高く、温かみがなく見えるため、男性運はあまりありません。

男性に尽くすより、尽くされたいタイプ、男性にそばにいてほしいけれど、真剣に付き合うことは避けたい、または、本能的に男性を拒否してしまう人もいます。

空球の男性は、女性への気遣《きづか》いができ、一方で気品があり、お洒落《しゃれ》なデートを楽しませてくれる人が多いため、モテるタイプです。しかし、男性もまた気位の高さや見栄《みえ》がありし、その分、女性との縁が薄くなりがちです。

男女ともに結婚後は、仕事と家庭の両立が大切です。空球の女性は、家庭と仕事のバランスをとるのが上手くないので、結婚後、それが原因で家庭か職場でトラブルが発生してしまう可能性があります。

また、プライドの高さや我儘《わがまま》さが原因で、夫婦間に亀裂《きれつ》が入り、離婚にいたることも考えられるので、協調性や我慢《がまん》も大切です。

空球の女性は理想が高すぎて、晩婚か一生独身でいる人もいますが、家庭のために髪振り乱して苦労することを良しとせず、誰かに守ってもらうための結婚で幸せになれるタイプです。なお、独身のままでも、仕事で充実した人生を送れる運勢が付いているので、無理に結婚をしなくても幸せな毎日を送れます。

▶僧球《そうきゅう》◀

◉青年期に、辛苦あれば晩年の運気良い。気性強く、理想主義。

◉普通であることを大切にでき、ゆえに人から愛される庶民感覚の人。

❖僧球の性格と運命

僧球の人は粘り強く、安定感のある生き方をする人です。自分なりの見識と理想を持ち、目標に向かって一歩一歩進んでいくタイプです。大器晩成《たいきばんせい》型であり、財運もあります。

僧球の人は、根が善良で、聡明な人が多く、人に優しく、庶民感覚なソフトな雰囲気で周囲の人たちの心を捉えます。

しかし、自分の考えや信念を曲げることをせず、臨機応変《りんきおうへん》に物事に対処することが苦手です。そのため、人から「頑固《がんこ》で融通《ゆうずう》が利《き》かない人」と思われてしまうこともあります。

どちらかと言えば、口数が少ない方ですが、自分の信念に反する他人の意見は絶対に聞き入れず、基本的に他人の意見に耳を傾けるのが得意な方ではありません。頑固に、自分の理想ばかり追っていると、現実社会の中で置いて行かれしまうこともあるので注意しましょう。

身体は丈夫《じょうぶ》な方で、あまり病気をしませんが、気管支や喉《のど》の病気、胸部の病気に注意が必要です。

❖三・九の法則による対人関係相性

命の関係	僧球
業・胎の関係	受球・如球
安・壊の関係	識球・諸球・心球・世球・阿球・是球
栄・親の関係	声球・空球・等球・夢球・般球・想球
友・衰の関係	利球・多球・香球・智球・耀球・界球
危・成の関係	真球・生球・法球・羅球・阿球・摩球

❖僧球の恋愛・結婚

僧球の女性は異性から好かれる美しい人で、派手《はで》に着飾らなくても、自然と男性の目を惹くタイプが多いのですが、のんびりしたマイペースな性格ゆえ、恋のチャンスを逃しやすいです。

また、おっとりしているように見えて、内心の強さが相手に伝わってしまうこともあり、敬遠されたりもします。

自分からは気持ちを打ち明けようとしないのに、恋愛への執着心《しゅうちゃくしん》は人一倍強く、独占欲旺盛です。

一方で男性は、周囲からはテンポが遅い人のように見えても、頭の回転は速く、その点を理解してくれる女性とであれば、恋愛へと進展しやすいです。口数は少なく、派手な恋愛はしませんが、周囲から見て、意外な女性と交際していることがあったりします。

男女とも晩婚の方が幸せになれるでしょう。しかし、自分たちを客観的に見ることができず、相手への思いやりが欠けると、結婚生活は上手くいきません。憎球の女性は、忍耐強さで家庭を守りますが、辛抱しすぎて、家族を甘やかしてしまう傾向があり、その結果、自分が疲れてしまうこともあります。

この球の女性は、恋愛・結婚への道が遠くなりがちですが、自分で納得《なっとく》がいくように時間をかけて、良い相手が表れるのを待ちましょう。

▶声球《せいきゅう》◀

◉義理を欠かさなければ、多くの敬愛を受ける人。自他共に厳しく、良識ある人。

◉不用意な発言や、思いやりのない言葉で、失敗する人。

❖声球の性格と運命

声球の人は財運に恵まれ、弁舌など頭を使う仕事で財を築いていきます。品格があり、礼儀正しいと言われますが、二面性の性質を持ち、悪い面では、口先と悪知恵が働き、物欲のかたまりのようなところもあり、自己中心的で嫌われる面もあります。一方、順応性があり、楽天主義で、知識欲は旺盛。転んでもただでは起きない強さを兼ね備えています。

この球の大きな特徴として、日頃は無口な人でも、口を開けば説得力があり、かつ、理屈っぽく、毒舌家で、言葉で人を傷つけたり、信頼関係を壊してしまうところがあります。特に、お酒の席での発言は、思わぬトラブルの原因になりかねないので要注意です。

タフで心身ともに強そうな雰囲気を持っていますが、意外と臆病《おくびょう》で、気が小さいところがあります。また、心情的には孤独で、寂しがり屋な人が多いです。

病気になりにくく健康ですが、お酒の飲み過ぎで健康を害する心配があります。肝臓・腎臓の病気に注意しましょう。

❖三・九の法則による対人関係相性

命の関係　声球
業・胎の関係　般球・等球
安・壊の関係　真球・利球・法球・香球・有球・耀球
栄・親の関係　多球・僧球・智球・受球・界球・如球
友・衰の関係　空球・識球・夢球・心球・想球・阿球
危・成の関係　羅球・諸球・生球・世球・摩球・是球

❖声球の恋愛・結婚

声球の女性は軽い気持ちで恋愛をすることがなく、静かに関係を深めていきたいタイプが多いです。しかし恋愛に対して、とても慎重で、異性に対して自分の本心を打ち明けることができず、相手から関心のないものと思われ、関係を深めていく前に、相手が離れていってしまうということもあります。

また、この球の女性は、社会的地位やお金に恵まれている人が多く、周囲に傲慢《ごうまん》さを感じさせてしまうため、恋愛運を落としがちです。自信過剰な部分も異性から嫌われやすいので、注意しましょう。

男性は、自分本位な面が多く、相手への気遣いに欠けます。愛情表現が苦手で、心のどこかで相手を甘く見ていたり、また、相手に尽くし過ぎて嫌われてしまうこともあります。

男女ともに、結婚することで生活が安定し、女性は良妻賢母《りょうさいけんぼ》となるでしょう。しかし、独占欲が強く、嫉妬《しっと》深いので、口うるさい妻にならないように気を付けましょう。男性は亭主関白になってしまうので、妻を思いやる気持ちを持ちましょう。

▶多球《たきゅう》◀

◉常識ある言動をし、交友を大切にすることで、多くの敬愛を受ける。
◉組織を改革し、新発想で時代を斬り開くアイデアの持ち主。

❖多球の性格と運命

既成の概念や古い因習を壊し、常に新しいものを追い求める好奇心のかたまりです。世の中の秩序や社会の力に潰《つぶ》されることなく、大胆不敵に東奔西走《とうほんせいそう》するタイプです。才気あふれ、冒険好きですが、慎重さに欠けるという欠点があります。

窮地《きゅうち》に陥ってもクヨクヨせず、正直に心情をさらけ出し、秘密を持ちたがりません。目上から引き立てられ、出世する運を持っていますが、怒りっぽく短気で、口が悪く、相手に有無を言わせないところがあります。そのため、敵をつくってしまうこともありますが、どこか憎めない面も兼ね備えています。

才気走って、自信過剰になると、運気が下がるので注意が必要です。

趣味や仕事に忙しく、時間を有効に使いたがります。のんびりと遊ぶよりも、人と接して情報を収集できるような交友を求めます。しかし、好奇心だけが先行しがちなので、周りを見渡すことが大切です。

❖三・九の法則による対人関係相性

命の関係	多球
業・胎の関係	界球・智球
安・壊の関係	羅球・空球・生球・夢球・摩球・想球
栄・親の関係	識球・声球・心球・般球・阿球・等球
友・衰の関係	僧球・真球・受球・法球・如球・有球
危・成の関係	世球・利球・諸球・香球・是球・耀球

❖多球の恋愛・結婚

男女とも、異性に縁があり、男女関係は華《はな》やかで、恋多き人生を送る人が多々見られます。

出会った異性をすぐ好きになり、たくさんの異性と付き合いますが、そのため、トラブルも多く、長続きしませんが、別れの際に後腐《あとくさ》れもありません。

女性の場合、自信過剰で、相手の男性を過小評価しがちなので、なかなか、釣り合った相手と付き合うことができません。素直で陽気なのですが、口の悪さや遠慮のなさが災いし、恋愛が成就しにくいので、結婚相手を探すのであれば、欲張らないで、我慢するところは我慢して、時間をかけて相手を探してください。

また、年下の男性と縁がありますが、不倫・離婚を繰り返しやすいので注意しましょう。

結婚後、男性は家庭に落ち着くことができず、また、相手に一方的な意見を押し付けがちなので、家庭内のトラブルが起こりやすいです。女性は、結婚後も仕事中心の人が多いため、女性に家事・育児をしっかりやるように要求するタイプの男性とは摩擦《まさつ》が起こりやすいです。

二十七球中、最も離婚率が高いのがこの球です。

▶識球《しききゅう》◀

◉陰・陽、二つのタイプあり。理論派でプライドの高さを感じさせる人。几帳面で冷静沈着。

◉心は純真。合理的で理性ある人。

❖識球の性格と運命

感情よりも理性の方が勝った性格で、自尊心が強く、薄情な人と思われるくらいに冷静沈着です。几帳面《きちょうめん》で実務能力に優れているので、組織の中で実力を発揮し、出世していきます。

しかし、「自他ともに厳しい」人なので、他人の失敗を許さない厳しさがあり、時に潔癖《けっぺき》すぎてしまうこともあり、周囲の人たちから「冷たい人」と思われてしまいかねません。

金銭感覚はきちんとしているので、お金で苦労することはなく、くじ運も強い方です。人間関係でトラブルを起こさなければ、仕事は順調で、平穏な毎日を送ることができます。

この球の「陰」のタイプでは、いわゆる「ひきこもり型」がいて、世間や人付き合いを疎ましく思い、自分の中に閉じこもってしまう人もいます。

ストレスなどの精神的不調から体調を崩しやすい方なので、ゆっくり休むことを心がけると良いでしょう。

❖三・九の法則による対人関係相性

命の関係　識球
業・胎の関係　阿球・心球
安・壊の関係　世球・僧球・諸球・受球・是球・如球
栄・親の関係　真球・多球・法球・界球・有球・智球
友・衰の関係　声球・羅球・般球・生球・等球・摩球
危・成の関係　香球・空球・利球・夢球・耀球・想球

❖識球の恋愛・結婚

感情に流されない理性的な人が多いので、愛情表現は苦手なうえ、付き合う相手に高望みをするところがあるので、なかなか異性を好きになれず、好きになっても恋愛まで発展しない片思いで終わってしまうケースが多いです。

女性は几帳面で働き者ですが、虚栄心が強いため、婚期を逸《いっ》する人もいます。男女ともに、相手に多くを望まず、適当なところで妥協《だきょう》して、付き合うなかで、お互いを伸ばしていくと考えた方が恋愛成就します。

そもそも、「恋愛が結婚に結び付かない」という運を持っている球なので、識球の人は、恋愛結婚よりも、お見合い結婚の方が幸せになれる確率が高いです。

結婚後は、女性は家事も育児もしっかりこなしますが、自分の家庭、夫、子供に過剰な期待をしがちで、良妻賢母を演じているつもりでいても、現実には、夫や子供にプレッシャーを与え、家庭の不和を生み出してしまう傾向があります。

男女ともに、つまらない上昇志向にとらわれず、目の前の幸せを大切にすることで、家庭を守っていくことができます。

真球《しんきゅう》

◉利害関係にとらわれず、人間関係を大切にする人。楽天的で直観力が強く、行動力あり。

◉人柄が良く、よく人に尽くします。勝負運に恵まれる。

❖真球の性格と運命

この球の人は、朗《ほが》らかで社交性があり、人情味もあるので人から好かれます。しかし、気ぜわしく、じっとしていられない性質の人が多く、周囲の人たちからは「何のために、何をしようとしているかわからない人」と思われてしまいがちです。

どちらかと言えばドライで、つかみどころがなく、自由な雰囲気を持っています。また、好奇心旺盛で直観力や霊感も強いので、思い立ったが吉日で実行に移すところがあります。一方で、取り組んでいたことが上手くいかなくなると、さっさと方向転換するところもあるので、他人から見ると「節操に欠ける人」と思われてしまうこともあります。

社会情勢や世論に明るい常識家のようでありながら、人生のまっすぐな道を進まず、横道にそれてしまいがちなのが、この球の特徴でもあります。軌道から外《はず》れ、先走りすぎると失敗することもあるので、時に己を振り返ってみることも大切です。

勝負運が強く、当たると大きいのですが、盛衰《せいすい》の差が極端に出るタイプなので、注意してください。

健康面では、消化器系の病気と生活習慣病に気をつけましょう。

❖三・九の法則による対人関係相性

命の関係　真球

業・胎の関係　有球・法球

安・壊の関係　香球・声球・利球・般球・耀球・等球

栄・親の関係　羅球・識球・生球・阿球・摩球・心球

友・衰の関係　多球・世球・界球・諸球・智球・是球

危・成の関係　夢球・僧球・空球・受球・想球・如球

❖真球の恋愛・結婚

男女ともに、恋に積極的で、自由奔放《ほんぽう》な恋をしますが、激しく恋の炎が燃え上がる分、冷めるのも早いです。

一つの恋が終わっても、落ち込みからの立ち直りは早く、すぐに次の恋へと進んでいきます。悪く言えば、浮気《うわき》っぽい性格の球とも言えます。

この球の女性は、ちょっと良いなと思う相手がいれば、その人に向かって走り出してしまう惚《ほ》れっぽい面があり、冷静に考えれば、自分の好みではない人と付き合っていたりすることがありがちです。そのまま、腐れ縁で結婚してしまうと離婚に至ることもあるので、結婚相手を探すのであれば、相手をよく見て、将来のことを考えて、本当に信頼できる人を選ぶように心がけましょう。

家庭であっても、職場であっても、何かが一段落して終わると、いろいろなことを手放し、自由になりたがる面があるので、結婚後、子育てが終わった頃、熟年離婚などということが起こらないように、心にゆとりを持って、相手と向き合いましょう。

なお、真球の女性については、古風な「相手に添《そ》い遂《と》げる」ような結婚よりも、仕事・仲間・家庭のバランスをとれる結婚の方が向いています。

▶羅球《らきゅう》◀

◉一人我が道を行く生き方で浪漫を求める孤高の人。負けず嫌いで頭脳明晰。

◉好きなことには熱中するが、冷めやすく、興味の対象は次々と変わる。

❖羅球の性格と運命

外見は温厚そうで穏やかな雰囲気ですが、実際の性格は、とても激しく、自尊心も強く、理論で相手を圧倒してしまうところがあります。また、怒りっぽい性格でもあり、怒ると激しい怒り方をします。我が道を行く一匹狼《いっぴきおおかみ》的なところがあるので、自分の気性をよく理解し、周囲から孤立しないように心がけると良いでしょう。

あることに熱中しだすと、まさに熱病にかかったように集中する傾向がありますが、熱しやすく冷めやすい性格なので、好奇心の向くままに、いろいろなことに興味を持ちます。頭が良く、学芸を好むので、根気良く取り組めば、良い成果を出すこともできます。

この球は清濁《せいだく》合わせ呑《の》む、善にも悪にも強い球で、「人に与えること」と「人から奪うこと」を好む球と言われています。

悪に走れば悪行が成就するという悪運の強さを持っていますが、善の道を歩むこと・

人に施すことで運が開ける球であることを、心しておいてください。
また、羅球の人は、お酒の席で失敗することが多く、周囲の誤解をまねく傾向があるので注意しましょう。

❖三・九の法則による対人関係相性

命の関係　羅球
業・胎の関係　摩球・生球
安・壊の関係　夢球・多球・空球・界球・想球・智球
栄・親の関係　世球・真球・諸球・有球・是球・法球
友・衰の関係　識球・香球・阿球・利球・心球・耀球
危・成の関係　受球・声球・僧球・般球・如球・等球

❖羅球の恋愛・結婚

男女ともに、恋に情熱的で、好きになった相手にまっすぐに進んでいきます。また、海外運があるため、海外での出会いや、外国人との出会いで交際が始まるチャンスも多いです。

女性の場合、外見はおとなしそうでも、芯は男勝《まさ》りで、物事に動じない性格なので、他人の恋人や夫であっても奪ってしまうような強さを持っています。男性の一歩後ろをついて行くタイプではなく、状況によっては悪女を演じても男性を引っ張っていくタイプです。

男性の場合、一人の女性では満足しない、気が多い面がありますが、周囲からは「また他の女性に手を出して、仕方ないなぁ」と許されてしまうタイプです。

結婚後は、女性は仕事と家庭を両立させ、男性はおとなしく家庭におさまるタイプが多いです。

女性の場合、晩婚型です。家庭の中だけで満足できる性格ではないので、仕事に、趣味に、独身を満喫《まんきつ》する人も少なくないです。

▶世球《せきゅう》◀

◉親分気質で統率力あり、才量がある人。真面目で義理堅く、働き者。

◉独特の個性を持ち、ユーモアにあふれ、辛抱強い人。

❖世球の性格と運命

この球の人は粘《ねば》り強さと芯の強さを持ち合わせた働き者で、地道にこつこつと努力を重ねていくことで運が開けていきます。

周囲には地味《じみ》な印象を与えますが、自信家で、人ができないような仕事をやってのけ、少しずつ能力を発揮していける大器晩成の人です。

反骨精神が強く、何事に対しても、自分の納得がいくまで妥協《だきょう》を許さず、頑固者と思われてしまうこともあります。

気に入った人に対しては面倒見も良く、義理堅く、仲間や部下からは慕われます。

他人に媚《こ》びへつらうことを苦手とし、言葉が足らなかったり、物事をはっきり言い過ぎて、自分のことを相手に伝えるのがうまくありません。そのため、対人関係で損をしてしまったり、気を病んでしまったりすることもあるでしょう。

健康面では、首や肩にストレスが出やすいので、過労に注意して下さい。元来、独自に我が道を行くタイプなので、周囲との調和を崩しやすいため、そこから人間関係でのストレスを抱えやすいので、気を付けてください。

❖三・九の法則による対人関係相性

命の関係　世球
業・胎の関係　是球・諸球
安・壊の関係　受球・識球・僧球・阿球・如球・心球
栄・親の関係　香球・羅球・利球・摩球・耀球・生球
友・衰の関係　真球・夢球・有球・空球・法球・想球
危・成の関係　般球・多球・声球・界球・等球・智球

❖世球の恋愛・結婚

男女ともに仕事を第一に考えるので恋愛については積極的ではありません。どちらかと言えば内向的で、人見知りをしがちです。異性に対して警戒心が強く、好きな人ができても、素直に好きな気持ちを伝えられず、反抗的な態度をとってしまったり、興味がない素振《そぶ》りをしてしまいがちです。

恋愛に消極的なわりに、独占欲は強く、付き合いだすと相手の行動や人間関係などが気になって仕方なく、時に相手をうんざりさせてしまうこともあります。

とくに女性の場合は、そういった世球の恋愛観が邪魔をして、なかなか結婚にたどり着くことができないため、お見合いや、仕事関係の人からの紹介が幸せに結び付いていくでしょう。仕事を頑張る球なので、こつこつと仕事に取り組む姿を見守っていてくれる男性と静かな恋が始まる可能性もあります。

結婚については男女とも保守的で、周囲からの後押しや賛成がないと結婚に踏み切れない面があります。

女性は結婚後は、夫や子供の面倒をよく見る良妻賢母となり、良い家庭を築くでしょう。

香球《こうきゅう》

◉女の大将球。ここ一番の勝負強さを持つ。正義感にあふれ、知性あり、統率力あり。

◉有形無形の援助を受けられる運を持つ、エネルギッシュな人。

❖香球の性格と運命

この球の人は男女ともに華があり、裏方というよりも表舞台で活躍する人が多いです。話し上手で説得力もあり、知恵のある理論派であるので、リーダーシップを取るタイプです。

目上の人から可愛がられ、有形無形の財産を受け継ぐこともあるようです。

しかし、気位の高い自信家が多いので、裏で支えてくれている人への感謝の気持ちが無いと、一気に運気は下がってしまいます。また一見、豪快でエネルギッシュな雰囲気を持っていますが、気が小さく、優柔不断な面があるため、本音の部分がわかりにくい人でもあります。

また自信過剰になり、あれもこれもと手を出してしまう傾向があり、それが失敗の原因になることもあります。辛抱《しんぼう》強く一つのことに取り組み、一意専心《いちいせんしん》努力すると良いでしょう。

男性の場合、壮年期に体調を崩しやすい運命にあるので、自分の時間を作って上手にストレスを発散すると良いでしょう。

❖三・九の法則による対人関係相性

命の関係　香球

業・胎の関係　耀球・利球

安・壊の関係　般球・真球・声球・有球・等球・法球

栄・親の関係　夢球・世球・空球・是球・想球・諸球

友・衰の関係　羅球・受球・摩球・僧球・生球・如球

危・成の関係　界球・識球・多球・阿球・智球・心球

❖香球の恋愛・結婚

香球は女性の大将球と言われるだけあり、派手好みで勝気で、華やかさにあふれている女性が多いです。しかし、理想が高く、妥協できる男性とはなかなか出会えないため、結婚運は良くありません。ただし、結婚に恵まれなくても、それが女性としての不幸にはなってしまわないパワフルな力強さを持っています。

男性は女性ほどの華やかさはありませんが、常に恋人を欠かしません。繊細な面があり、女性からの些細《ささい》な言葉や態度で傷つきやすい面もあります。

結婚すると、男性は亭主関白になりますが、相手の女性によって運気が大きく変わっていきます。

女性は、夫に高い地位や出世を望みます。家庭に入っても、良き妻・良き母にとどまらず、自分の仕事もばりばりとこなすタイプです。この球の女性にありがちなことですが、結婚相手に身分や肩書などを求めるところがあり、その裏付けとして、自立心が旺盛なため、心のどこかで「結婚しなくても生きていける」と考えているところがあります。

夢球《むきゅう》

◎辛抱強く、自分のペースを守り、大きな夢を実現する。

◎世界にははばたく行動力あり、個性的で意志が強い。自分なりの理想を追いかける人。

❖夢球の性格と運命

この球の人はプライドが高く、頑固な完璧《かんぺき》主義者です。こつこつと地味な努力を重ね、夢を現実にしていきます。生まれながらの吉祥運《きっしょううん》を活かして大成する運を持っています。

人柄は温厚で言葉使いも穏やかですが、神経質で頑固な面があり妥協ができないため、器用な世渡りはできませんが、持って生まれた運の強さで、不思議と人から慕われます。また、正義感が強く、不正を嫌う人でもあります。

夢球は、天性の才能を持っているわけではなく、努力で才能を発揮する球なので、私利私欲を抜きにして、自分が納得するまで仕事をやりぬく完全主義者でもあります。

二十七球の中で最も海外運に恵まれているので、仕事で海外に行ったり、外国人と結婚したり、外国に住んだり等、外国との縁が深い球です。

❖三・九の法則による対人関係相性

命の関係　夢球
業・胎の関係　想球・空球
安・壊の関係　界球・羅球・多球・摩球・智球・生球
栄・親の関係　受球・香球・僧球・耀球・如球・利球
友・衰の関係　世球・般球・是球・声球・諸球・等球
危・成の関係　阿球・真球・識球・有球・心球・法球

❖夢球の恋愛・結婚

男女とも、ロマンチストで恋多き人と見られがちですが、恋愛に対しては意外と奥手でガードが固く、冷静に外堀を埋めていくタイプです。しかし、付き合ううちに、相手の誠実さや温かさに気が付いていき、ゆっくり愛を育て、恋を成就させていきます。

女性は真面目で考え方が堅すぎるため、女性としての華やかさを感じさせるところに欠けるところがあり、恋愛運はあまり良くありません。一方で男性も、人気者ですが、遊び過ぎが災《わざわ》いして、結婚するまでに時間がかかるでしょう。

しかし、結婚相手は心より尊敬できる人を選ぶことにより、良い配偶者に恵まれるため、結婚運は悪くないと言えます。

女性は結婚後は家庭をうまく切り盛りしますが、子供を甘やかしすぎないように注意が必要です。子供中心になってしまうと、夫のことがないがしろになり、家庭内に不和が生じやすくなります。

男性は家庭に完全主義を持ち込みたがるため、妻とのいさかいがおこりやすくなるので注意をしましょう。

▶受球《じゅきゅう》◀

◉本質を見抜く力を持ち、直観力に優れ、舞台裏で活躍する。

◉完璧主義者で的確な判断力を持つ。堅さと繊細さを持ち合わせる人。

❖受球の性格と運命

温厚そうな外見に対し、心の内に確固たる自分を持っているのが受球の人の特徴です。自我が強い方ですが、他人を押しのけて人の前に立つよりも、縁の下の力持ちとして舞台裏で活躍することを好みます。

どちらかと言えば内向的で、仲間と一緒にいても、一人静かに冷めた目で仲間たちを見ているようなところがあり、静寂を好みます。人付き合いは悪くありませんが、人との間に受球の人なりの距離感を持っています。

物事の本質を見抜く直観力がありますが、ゆえに慎重になりすぎる面もあります。思慮深さは大切ですが、行き詰まった時には周囲の意見を取り入れて解決していくと良いでしょう。

また、完璧主義者でもあり、自分の追求することへの努力を惜しみません。

受球は年齢によって印象が大きく変わる球で、若い頃は、背伸びをしがちで神経質な感じもしますが、年齢を重ねると貫禄《かんろく》が出てきます。

なお、この球は、女性としての強さや優しさを持っている球ですが、女性特有の嫉妬心や虚栄心も出やすいので、女性の方はご注意ください。

❖三・九の法則による対人関係相性

命の関係　受球
業・胎の関係　如球・僧球
安・壊の関係　阿球・世球・識球・是球・心球・諸球
栄・親の関係　般球・夢球・声球・想球・等球・空球
友・衰の関係　香球・界球・耀球・多球・利球・智球
危・成の関係　有球・羅球・真球・摩球・法球・生球

❖受球の恋愛・結婚

男女ともに、周りからチヤホヤされ、声をかけられることが多くモテるタイプですが、愛情表現は下手《へた》で、不器用です。

本当に好きな人ができても、心を打ち明けて語り合えるようになるまでに時間がかかります。

男性は気が多く、異性に対して自信があるので、女難の相がありますが、災難をもたらした女性から助けられるという不思議な運命を持っています。反面、恋に対する感情をあまり出さないため、誤解されることもあります。

女性は、異性に裏切られたり、相手から別れを切り出されてしまったりすると、心の傷を引きずり、トラウマになってしまうところがあります。また、女性特有の嫉妬深さや意地悪さが出てしまうと男女関係にひびが入りやすくなるので注意が必要です。

そんな受球の女性は晩婚型が多いですが、誠実で守ってくれるような男性とであれば、仕事も家庭も両立して円満な家庭を築いていくことができるでしょう。男女ともに、女房役という運命を背負っているので、結婚後は、自分にとって理想的な家庭を築くことへの努力を惜しみません。

般球《はんきゅう》

◉義理人情に厚く、庶民的で面倒見が良い。話し上手で、ユーモアに富む人。

◉タフで活動的に働くことができ、商才あり。

❖般球の性格と運命

庶民的で気取りがなく、周囲の人たちと調子を合わせるのが上手いため、多くの人から好感を持たれ慕われます。人当たりが良く、義理人情に厚い、親分肌の人が多いです。

しかし、表面的には穏やかで誰とでも親しくしているように見えますが、内面では、好き嫌いが激しく、それを表情に出してしまうこともあります。また、周囲の人と協調しているようでいて、自分の考えを貫こうとする頑固さもあり、それが裏目に出て損をすることもあります。

この球の人は生来、感が良く器用で、実務面で能力を活かし、休む時間も惜しんで働きます。根《こん》を詰めて働くというタイプではなく、根《ね》が楽天的なので、仕事を楽しみながら働くタイプです。自分のために働くタイプでもあるので、人間関係を活かして、一つのことに打ち込むと運が開けます。

財運に恵まれ、生涯、食べることには困らない球でもあります。

大きな病気をすることはありませんが、ストレスによる消化器系の疾患に注意が必要です。

❖三・九の法則による対人関係相性

命の関係　　般球
業・胎の関係　　等球・多球
安・壊の関係　　有球・香球・真球・耀球・法球・利球
栄・親の関係　　界球・受球・多球・如球・智球・僧球
友・衰の関係　　夢球・阿球・想球・識球・空球・心球
危・成の関係　　摩球・世球・羅球・是球・生球・諸球

❖般球の恋愛・結婚

男女ともに、恋愛には消極的で、当たり障《さわ》りのない「異性の友達」という男女関係を好みます。楽天的で明るく、趣味も豊富なので、異性から好意を持たれることが多いですが、二人きりで愛を語るよりも、大勢で楽しく賑《にぎ》やかに遊ぶことを好みます。

また、男女ともに異性への好き嫌いは、はっきりしている方です。

女性は、才女を感じさせるワーキングウーマン風の人が多く、その一方で女性としての色気に欠けるため、男性の目にはとまりにくいです。結婚は早めが吉です。婚期を逃すと、持ち前の社交性で、自由奔放な恋愛を楽しむ女性になってしまうかもしれません。

男性は一見、真面目そうに見えますが、遊び事の好きな球なので、異性関係や賭け事で大きな失敗をしてしまうこともあります。異性とは「兄妹」のような穏やかな関係を求める人が多いです。

結婚後は男女ともに落ち着いて家庭におさまります。男女問わず、料理が上手な人が多い球で、子煩悩《こぼんのう》な親になるタイプが多いので、良き家庭を築いていけるでしょう。

界球《かいきゅう》

◉一途な努力家で、夢を追いかけるロマンチスト。権威・権力に屈せず、自分の信じた道を進む。

◉反骨精神が強く、リーダーの資質のある人。

❖界球の性格と運命

正義感が強く、人の道に外れたことや虚偽・不正は許せません。社会一般にある権力への抵抗意識も強く、汚れた世の中を嫌います。真っ直ぐなくらいに正直で、己に厳しい人ですが、日頃はそんな厳しさを表面に出すことはなく、穏やかで物静かな人です。

しかし、自分の信念が周囲や現実の状況に受け入れられなかった時には、自分の殻に閉じこもり現実から逃れようとするか、「窮鼠《きゅうそ》猫を嚙《か》む」といった反撃体制に出るかのどちらかなので、それにより人間関係を崩さないように気をつけましょう。また、人に媚《こ》びることが苦手というのも、この球の特徴です。

スタイリッシュな着こなしを好むお洒落上手で、自分の外見に見栄やプライドを持つ人が多いです。

地味にコツコツと働きながら貯蓄をするタイプで、経済的には生涯困りませんが、自分で商売やビジネスを始めると、お金が遠のいていきやすいです。

健康面では気管支系・呼吸器系の病気に注意しましょう。

❖三・九の法則による対人関係相性

命の関係　界球
業・胎の関係　智球・多球
安・壊の関係　摩球・夢球・羅球・想球・生球・空球
栄・親の関係　阿球・般球・識球・等球・心球・声球
友・衰の関係　受球・有球・如球・真球・僧球・法球
危・成の関係　是球・香球・世球・耀球・諸球・利球

❖界球の恋愛・結婚

男女ともにプライドが高く、自分が傷つくことを恐れる傾向があります。外見や第一印象で一目惚れということはまずありません。また、「遊びの恋」というものも好みません。相手の性格や育った環境などをよく見て、自分のパートナーに相応《ふさわ》しいかを考えてから、付き合おうと考えるタイプです。

女性は潔癖《けっぺき》で愛情表現が苦手な人が多く、男性は、自分の中で理想の女性像を作り上げて、相手にそれを求めたがる人が多いです。

しかし結婚後は、家庭的な「良き夫」「良き妻」となり、特に女性は、やりくり上手で家計を安定させる良妻となるでしょう。ただし、注意すべきは、家事や節約にこだわりすぎて、身だしなみに無頓着《むとんちゃく》になってしまったり、また、その反動で着飾り過ぎたりと、極端なところがあるので、時々、己を客観的に見ることも大切です。

▶阿球《あきゅう》◀

◉勝負運が強く、気力とバイタリティで勝ち抜く。物腰柔らかで、自由を愛する博愛主義者。

◉辛抱強く、目標を達成するために頑張れる人。

❖阿球の性格と運命

自由でいることを好み、他人から束縛《そくばく》されることを嫌い、社会の常識や習慣などの型にはまりたがりません。

心配性ですが、協調性に欠けるため、困ったことがあっても他人を頼ろうとせず、一人で解決しようと努力します。

問題が発生した際、客観的に先を読み、問題の核心を理解し対処していけます。また、精力的で粘り強く、体力的にも精神的にも強いのですが、チームワークは苦手です。

人生のあらゆる場面で「イチかバチか」の大博打《おおばくち》を打とうとする傾向があります。この球の守護神は、戦いの神「毘沙門天《びしゃもんてん》」ゆえ、勝負運が強く、勝敗を見極めたら、臨機《りんき》応変《おうへん》に対応できるので、困難に遭《あ》っても切り抜けていくことができます。

生まれつき健康な方ですが、不注意や不摂生《ふせっせい》が原因で思わぬ怪我《けが》や病気に見舞われることもあるので、健康管理に注意しましょう。

❖三・九の法則による対人関係相性

命の関係　阿球
業・胎の関係　心球・識球
安・壊の関係　是球・受球・世球・如球・諸球・僧球
栄・親の関係　有球・界球・真球・智球・法球・多球
友・衰の関係　般球・摩球・等球・羅球・声球・生球
危・成の関係　耀球・夢球・香球・想球・利球・空球

❖阿球の恋愛・結婚

男女ともに恋愛には積極的で、たくさんの恋をしますが、恋に対して自己中心的なところや、主導権を握りたがるところがあります。また、性格が強い相手とは衝突しやすく長続きしません。自由でいることが好きな球なので、「この人だけ」とか「この恋だけ」と、恋に縛られてしまうことができないようです。

女性はいわゆる「肉食系女子」で、男性をリードし、引っ張っていくタイプが多いようです。強引になり過ぎると、相手が引いてしまうので、自分で自分の手綱《たづな》を引くように心がけましょう。

男性は次から次へと恋をする「恋愛中毒症」型になりやすく、色恋沙汰《ざた》の問題を起こす人が多いです。

結婚してしまうと気持ちに余裕ができて落ち着く阿球ですが、女性は、家事も仕事もこなし、自ら一家の生活を支え、経済面を安定させます。仮に、生涯独身で通した場合、恋人の男性を養っていくタイプとなります。

男性は、夫婦喧嘩になると周りが見えなくなりがちなので、冷静であることを心がけるように。

男女ともに、お互いの未熟な面をカバーしあえるような相手と結婚すると幸せになれます。

有球《ゆうきゅう》

◎決断力・行動力に優れ、財運に恵まれる。慎重に物事を上手にまとめる人。

◎統率力あり、大衆の心をつかみ、周囲から注目を集める。

❖有球の性格と運命

二十七球中最も財運に恵まれている球です。生い立ちが裕福でなくても、不思議と人と財が集まってきて、授かった豊かな財を他の人に分け与えていくことで、更に財産を増やしていくことができます。ただし、努力を怠《おこた》り、周囲の人たちへの感謝の気持ちを忘れると、運が尽きて、孤独な人生を歩むことになってしまいます。

朗らかで、人から好かれる性格で、そこに実行力と目的を達成するための粘り強さが加わると、多くの人から支持されます。

また、直観力の強さで大衆の心をつかむカリスマ的存在にもなれる人です。

しかし、自分の才能に溺《おぼ》れ、独断専行したり、自己中心的な行動をとると、敵を作ってしまうので、物事が上手くいっている時でも驕《おご》らずに、身を慎むように心がけると良いでしょう。

また、有球の女性は、華やかで品が良く、派手な感じの美人が多いとされています。

病気をしやすい体質です。過信せず、健康管理に気をつけましょう。また、ストレスが原因で病気になる可能性もあるので注意してください。

❖三・九の法則による対人関係相性

命の関係	有球
業・胎の関係	法球・真球
安・壊の関係	耀球・般球・香球・等球・利球・声球
栄・親の関係	摩球・阿球・羅球・心球・生球・識球
友・衰の関係	界球・是球・智球・世球・多球・諸球
危・成の関係	想球・受球・夢球・如球・空球・僧球

❖有球の恋愛・結婚

男女ともに異性との出会いに事欠くことはありません。恋多き人生となるでしょう。

この球は異性にモテるけれど、恋が長続きせず、恋愛遍歴を続けてしまうのが特徴です。

女性は、華やかな美人が多く、黙っていても周囲に男性が集まってきます。しかし、恋において自己中心的で我儘なところがあり、恋に熱しやすく冷めやすいので、大恋愛をしても長続きしない傾向があります。

男性は、男らしさと頼もしさがあるので女性から慕われますが、こちらも女性に対して我儘なところがあります。

結婚運は、男女ともに晩婚です。女性はその財運の強さで経済的に安定した家庭を築けますが、些細なことから相手への愛情が冷めると、あっさりと離婚してしまう人もいます。また、男性は自己本位な亭主関白型になりやすい面を持っています。

有球は、相手によって結婚運が変わるので、自分の強いところを抑えて、相手に合わせる努力をしていけば、運気をあげていけます。

摩球《まきゅう》

◉大衆を惹きつける資質をもち、優れた判断力と独特の世界観を持つ。

◉人の心を瞬時に察し、誰とでも合わせることのできる人。

❖摩球の性格と運命

朗らかで笑顔を絶やさない愛敬《あいきょう》のある性格です。人の心の内を察し、それに合わせて自分を演出していくことを自然とやってのけられるので、他人の心をつかみ、人から愛される人気者が多い球と言われています。

しかし、無意識のうちに人に気に入られようと動いてしまうことで、第三者から思わぬ誤解を受けたり、反感をかってしまうこともあり、人から好かれていても、相手の顔色をうかがったり、人に対して意外と神経をつかっている面があります。

人前では朗らかな摩球ですが、二面性を持っている球なので、一人になると別人のように不機嫌になることもあります。

表面には出さなくても、「社交的で明るい自分」と「疑い深い暗い自分」という二人の自分が常に心の中にいます。

多芸多才で器用な人ですが、一つのことに集中できないという欠点があります。これが仕事面においては、どんな仕事もこなせるため、あれこれと手を出して失敗してしまうという結果になるので、注意しましょう。

健康面では循環器や消化器系の病気よりも、精神バランスの崩れからくる心の病に注意が必要です。

❖三・九の法則による対人関係相性

命の関係　摩球

業・胎の関係　生球・羅球

安・壊の関係　想球・界球・夢球・智球・空球・多球

栄・親の関係　是球・有球・世球・法球・諸球・真球

友・衰の関係　阿球・耀球・心球・香球・識球・利球

危・成の関係　如球・般球・受球・等球・僧球・声球

❖摩球の恋愛・結婚

愛敬があり、相手の話しに合わせることが自然とできる性格なので、男女とも良き恋人となる、もしくは良き恋人を演じることができるので、いっしょにいる時間を思い切り楽しむことができます。

しかし、付き合いが長くなるにつれ、相手の些細な言動に疑いを持ち、「自分はこの人のことをこんなに大切に想っているのに、自分は本当に愛されているのだろうか」と疑心暗鬼《ぎしんあんき》になってしまいがちです。

また、相手に合わせることはしても、自分の本心を表さないため、これが相手に誤解を与えてしまうこともあります。

女性はプライドが高く嫉妬深いところがあり、男性は恋愛に熱しやすく冷めやすいところがあります。

摩球の人の結婚運は男女ともにあまり良いとは言えません。結婚に対して慎重になりすぎて踏み切れず、婚期を遅らせがちです。男女とも結婚相手には、心が広く、真面目な相手を選ぶと良いでしょう。

離婚・再婚を繰り返す人も他の球より多いようですが、「失敗は成功のもと」で、離婚からいろいろなことを学び、次へつなげていける強さもあるので、相手への信頼の気持ちを大切にして、前へ進むと良いでしょう。

▶是球《ぜきゅう》◀

◉質実剛健、我慢強さと集中力で、目標を達成できる。真面目で我が道を貫く人。

◉狙った獲物は外さない狩人の星。ロマンチストで相手に尽くす人。

❖是球の性格と運命

一般に、気品があり、気位の高そうなタイプが多く、清廉潔白《せいれんけっぱく》、思慮深く、きれい好きが多い球です。

正義感が強く、義理堅くて律儀《りちぎ》、他人に親切なので、周囲の人たちから敬愛を受けます。

遊び好きな面もあり、スマートに恰好良く遊びますが、もともとの育ちの良さで、世間を見る目が狭いため、足を踏み外すと、落ちるところまで転落しないと気がつかないという面もあります。

育ちが良く、品行方正でクセのないタイプに見えますが、強情で意地っ張りな面もあり、何か一つのことに熱中しだすと、のめりこんでしまうところがあります。

一つのことを究《きわ》める本物志向が強く、頑固一徹《いってつ》な性格で、よく働き、生涯、経済的には困りません。

成功するためには、近くにいて、そばで支えてくれる人が必要です。

❖三・九の法則による対人関係相性

命の関係　　是球
業・胎の関係　　諸球・世球
安・壊の関係　　如球・阿球・受球・心球・僧球・識球
栄・親の関係　　耀球・摩球・香球・生球・利球・羅球
友・衰の関係　　有球・想球・法球・夢球・真球・空球
危・成の関係　　等球・界球・般球・智球・声球・多球

❖是球の恋愛・結婚

男女ともに、人とのコミュニケーションが苦手なため、恋愛のチャンスは多々あるのに、それを逃しやすいです。

恋のチャンスを逃しやすくても、好きな人ができると、その恋に向かってまっしぐらに進んで、恋を成就させようとします。

女性の場合、プライドが高く、好きな人ができても自分から相手に告白したり、自分から甘えることができないので、相手に気持ちを伝えられないことで悩みます。

是球の人は、結婚に至っては、男女ともにお見合いなどの紹介による結婚が無難《ぶなん》です。

結婚後は、男女ともに家庭を大切にするので、円満な家庭を築くことができるでしょう。

また、ロマンチストで相手に尽くしたいと思う人が多いので、夫婦いつもいっしょにいたいと考えるため、相手が束縛されるのを嫌うタイプの場合は「距離を置いてあげるのも相手への愛情」と思うようにして、良い関係を保っていきましょう。

耀球《ようきゅう》

◉姑息な手段は使わず真正面から物事に取り組む。正義感があり、自らの力で運命を切り開く人。

◉勇敢で人情味があり、義理堅くエネルギッシュな努力家。

❖耀球の性格と運命

人一倍向上心が強く、いつでも明るく陽気で、自己主張をはっきりとします。周囲の思惑《おもわく》など気にかけずに突き進んでいきますが、執念《しゅうねん》深い方ではなく、あきらめが良い方なので、不思議と敵を作りません。一途《いちず》で、見栄や体裁にこだわらず、度胸のある人です。

働くことが好きで、この人の辞書に「定年」という言葉はありません。年をとっても引退しないで、ずっと働いていたいというタイプです。

正義感は強いのですが、口のきき方に乱暴なところがあるので、言葉で誤解をまねき、小さなことで他人とのトラブルになることがあるので注意しましょう。

また、お酒が原因でトラブルを引き起こす相があり、稼ぐわりに散財もしやすい方なので、慎みましょう。

❖三・九の法則による対人関係相性

命の関係　耀球
業・胎の関係　利球・香球
安・壊の関係　等球・有球・般球・法球・声球・真球
栄・親の関係　想球・是球・夢球・諸球・空球・世球
友・衰の関係　摩球・如球・生球・受球・羅球・僧球
危・成の関係　智球・阿球・界球・心球・多球・識球

❖耀球の恋愛・結婚

男女ともに、仕事をしている時が一番輝いている時なので、恋愛も仕事の現場からスタートしていくことが多いです。

出逢いは、職場の上司・部下・同僚、または仕事関係の取引先の人などから始まります。

ただし、協調性に欠け、ずけずけものを言う方なので、友達から恋人へは発展しにくいです。

女性の場合はキャリアウーマン型で、周囲の男性が引くほどに仕事をこなせるため、恋愛に縁がなく一生独身でも気に病んだり、後悔することはありません。

結婚後も仕事を続ける女性が多く、一生懸命に家事と仕事を両立させようとします。

女性が働きながら、家事や育児をこなしていく大変さを理解してくれる男性であれば、幸せな家庭を築けるでしょう。

男性は家庭内でワンマンになりがちです。

▶想球《そうきゅう》◀

◉頭が良く、先見があり直観力に優れ、本番に強い。自尊心が強く負けず嫌い。

◉カリスマ的になる傾向が強く、天性の幸運を授かっています。人一倍努力家です。

❖想球の性格と運命

一見のんびりしていて、穏やかそうな人に見えますが、自尊心が強く、負けず嫌いです。直観力が強く、先見の明がありますが、敢《あ》えて、それを表に出さない人です。また、他の人と異なる世界観を持っていて、ひたむきに己の道を進む姿に、自然と人が集まるカリスマ的存在になる要素を持っています。

技能も蓄財能力もありますが、金銭欲や物欲よりも、名誉を追う欲が強いです。生涯を通して良い人間関係に恵まれ、周囲の人から引き立てられ、また、器用に人と合わせることができますが、逆に周囲の人からの影響も受けやすいため、高慢になったり、闘争心を出したりしないで、謙虚な気持ちを持つようにすると良いでしょう。

この球の女性は、自分が一番でないと気がすまない面があり、周囲の女性をライバル視してしまうところがあるので、敵をつくらないように慎みましょう。

❖三・九の法則による対人関係相性

命の関係　想球
業・胎の関係　空球・夢球
安・壊の関係　智球・摩球・界球・生球・多球・羅球
栄・親の関係　如球・耀球・受球・利球・僧球・香球
友・衰の関係　是球・等球・諸球・般球・世球・声球
危・成の関係　心球・有球・阿球・法球・識球・真球

❖想球の恋愛・結婚

周囲に人が集まってくる球なので、出会いのチャンスはたくさんあるのですが、男女ともに自分から積極的にアプローチすることは苦手で、どちらかと言うと恋愛には臆病なタイプです。しかし、一度好きになると、いつもその人のことを想い、精一杯尽くしたくなる情熱的な性格を持っています。恋のライバルが現れると、闘争心が燃え上がってしまうので、醜《みにく》い自分を見せてしまわないように冷静な気持ちを持つようにすると良いでしょう。

この球の女性は、男性に対して、外見よりも、経済力や将来性、男らしさを求める傾向があります。

結婚後は、男女ともに相手に尽くし、少々のトラブルやいさかいがあっても、別れたりせず、生涯添い遂《と》げるでしょう。

女性の場合、平穏な家庭を築きますが、相手によっては一時的に浮気をされてしまうこともあるかもしれません。しかし忍耐強さで乗りきり、離婚に至るようなことはありません。他者の目で見て、我慢し過ぎる必要のないことであれば、時には相手に本心を伝えることも大切です。

▶如球《じょきゅう》◀

◉組織の中で実力を発揮し、弁舌に優れている人。正直者で合理主義者。

◉真面目で交友関係が広く、優しさを持つ人。

❖如球の性格と運命

外見からは気取りがなく無口な印象を受けますが、心の内は野心家で、権力意識も強く、官僚的なところがあります。

素直で他人に親切なところがある反面、冷たく厳しいくらいに「ルール」や「決まり」に従いたがるところもあります。

この球の人は組織の中で特性を活かせる人が多いです。権力志向な分、権力の座から落ちた時には、弱気になり、落ち込んでしまいがちです。

男女ともに、あまり朗らかな感じではありませんが、勉強熱心で真面目です。周囲に絶えず仲間や友達がいることを好む、寂しがり屋な面もあります。

この球の男性は、繊細で、周囲への心遣いもでき、人付き合いも良いです。一方で女性は、負けず嫌いで、決断力があり、人の心の動きを読んで、優しく声をかけることができます。

❖三・九の法則による対人関係相性

命の関係　如球
業・胎の関係　憎球・受球
安・壊の関係　心球・是球・阿球・諸球・識球・世球
栄・親の関係　等球・想球・般球・空球・声球・夢球
友・衰の関係　耀球・智球・利球・界球・香球・多球
危・成の関係　法球・摩球・有球・生球・真球・羅球

❖如球の恋愛・結婚

男女ともに、地味で、言葉にも外見にも飾り気がないので、異性の目にとまりにくい、目立たないタイプですが、好きなことに熱中している時は、内面から輝く人なので、そんなところで出会いのチャンスがあるでしょう。

恋愛願望は強い方なので、恋が始まると、お互いを成長させあうような付き合い方をします。

この球の女性は、男性への好き嫌いが激しく、理想が高いのですが、好きになった男性に対しては、自分を犠牲《ぎせい》にしてでも尽くしたいという激しさを持っています。

結婚については、男女ともに晩婚型です。女性は結婚願望が強いので、結婚を焦《あせ》る時期があるかもしれませんが、三十五歳前後での結婚が幸せになるという暗示があり、家庭に入れば、良妻賢母となり、家計のやりくりも上手く、順調に家庭を築いていくことができるでしょう。

男性も、結婚相手となると理想が高くなりがちですが、相手への細かい気配りができる、優しい夫となるでしょう。

▶等球《とうきゅう》◀

◉感受性が強く、ロマンチストで独特の個性がある人。信義に厚く、相手に尽くす人。

◉勝負運が強く成功者と成り得る人。短気で金遣いが荒いのが欠点。

❖等球の性格と運命

プライドが高く、人に頭を下げることのできない性格です。頭の回転も速く、勘《かん》も鋭いのですが、口うるさくて、短気な面も持っています。常に、自尊心の強さを周囲に悟《さと》られないように隠そうとしていて、年下の相手には面倒見も良いので、上司や同僚から引き立てられ、他人から憎まれることはあまりありません。

勝負運が強く、人生の成長期と青年期に波乱を経験しますが、それが糧《かて》となり成功へとつながっていきます。

金銭運も良く、お金を稼ぐことが上手ですが、「宵越《よいご》しの金は持てぬ」というタイプで、気前良くお金を使ってしまいます。

この球は成功者と落伍者の差が激しい球と言われています。自分の長所短所をよく見極め、自重《じちょう》するところは自重し、持ち前の忍耐強さで乗り切っていくと良いでしょう。

❖三・九の法則による対人関係相性

命の関係　等球
業・胎の関係　声球・般球
安・壊の関係　法球・耀球・有球・利球・真球・香球
栄・親の関係　智球・如球・界球・僧球・多球・受球
友・衰の関係　想球・心球・空球・阿球・夢球・識球
危・成の関係　生球・是球・摩球・諸球・羅球・世球

❖等球の恋愛・結婚

男女ともに自尊心が強く、自分の思いを相手に伝えることが上手くないので、恋愛関係に発展するまでに時間がかかりますが、付き合いだせば好きになった相手に一途に尽くします。ただし、それが相手にとって重荷に感じることもあるので、ある程度の心の距離とゆとりを持つようにすると良いでしょう。

女性は和風な雰囲気の似合う人が多く、クール・ビューティーな人が多いですが、気位の高さが出たり、男性にリードされるより、リードしたいという気持ちが強くなると、相手によっては関係がぎくしゃくしてしまいます。

結婚後は、男性は家族のためによく働く「マイホーム・パパ」になる人が多いようです。

女性は、結婚運があまり良くありません。家庭と仕事の両立のために、家庭内での主導権を握ろうとしたり、子供に対して過保護で、教育熱心な母親になりそうです。

▶智球《ちきゅう》◀

◉品行方正で、人とのつながりを大切にする。天性の朗らかさと社交的な性格を持っている。

◉流行に敏感で、心が純粋、ナイーブで傷つきやすい一面を持つ人。

❖智球の性格と運命

感受性が高く、芸術的センスに富み、スタイリッシュな雰囲気を持っています。人とのつながりを大切にする人で、頼まれると断れない、人を押しのけてまで自分が前へ出ようとはしないという性格の持ち主なので、人から嫌われることは少なく、誰とでも友達になれます。

理性よりも感情で動くところがあり、少々短気な面も見られます。また、ナイーブで繊細な一面を持っているため、友達からの何気ない一言で傷ついたり、些細な出来事を気に病んでしまったりすることもあります。

気まぐれで、あれこれと興味を持つところがあり、常にいろいろなことに手を出し動き回るタイプでもあります。

お酒好きで道楽者といったイメージもあり、気分屋で見栄っ張りという面が出てしまうと運気が下がります。

運気が下がると、アルコールや薬に頼りたがる面もあるので、己を見失わないように注意しましょう。

❖三・九の法則による対人関係相性

命の関係　智球
業・胎の関係　多球・界球
安・壊の関係　生球・想球・摩球・空球・羅球・夢球
栄・親の関係　心球・等球・阿球・声球・識球・般球
友・衰の関係　如球・法球・僧球・有球・受球・真球
危・成の関係　諸球・耀球・是球・利球・世球・香球

❖智球の恋愛・結婚

男女ともに、異性に対してドライなため、恋愛が長続きしません。どちらかと言えば、ナルシストでもあるため、晩婚になりがちな傾向にあります。感情が先走る球なので、好きな相手にはストレートに気持ちを表現し、一目惚れで恋が始まるケースも少なくありません。喜怒哀楽《きどあいらく》が激しい方なので、些細な口喧嘩などで、頭に血がのぼりこれが別れへと発展してしまうこともあるので注意してください。ただし、別れても、立ち直りが早く、いつまでも失恋の悲しみに浸《ひた》っているようなことはありません。

この球の男性は、恋愛を楽しむタイプで、結婚となると少々不安がつきまとうタイプの人が多いです。女性は、恋愛と結婚は別と割り切っていて、結婚相手には知的で包容力のある男性を選びたがります。

結婚後は男女ともに家庭を大切にし、相手が穏やかな人柄であれば、素直に相手に尽くせるので、結婚生活は安定するでしょう。また、智球の人は「再婚の縁」を持っているので、仮に、最初の結婚で失敗し離婚に至ったとしても、必ず、次の出会いがあり、再婚することで幸せをつかむことができます。自分が再婚でなくても、相手が再婚の場合でも同様です。

心球《しんきゅう》

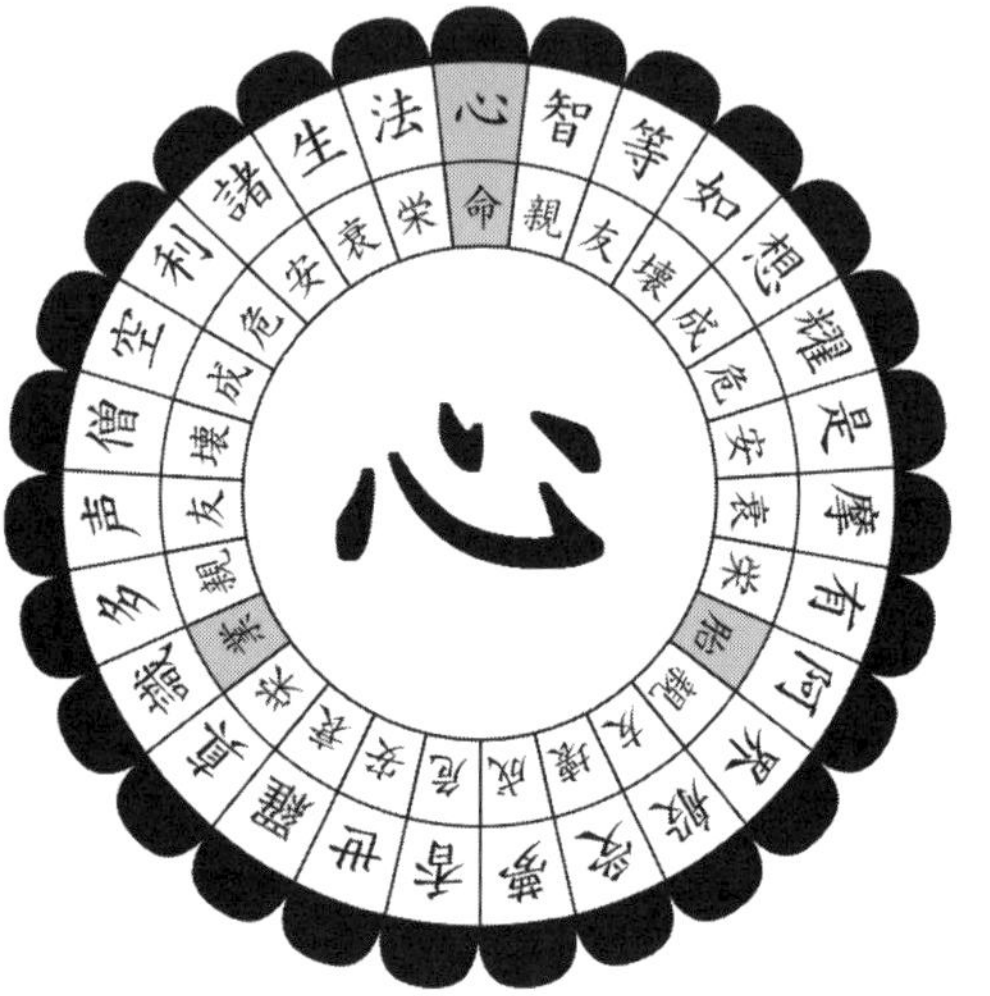

◉仕事熱心・エネルギッシュで存在感がある人。正直な実力派。明るく前向きで、勝負強さを持っている人。

◉勇猛果敢に我が道を貫く。強い個性の実力派。

❖心球の性格と運命

自分の願望を達成するために、困難も乗り切り、精力的に進んでいきます。朗らかで楽天的でいて、かつ自信家です。

やや自己中心的で、他人のことを気にかけず、自我を押し通そうとする面もあります。一見、気が弱そうに見えるタイプの人でも、実はアクが強い人が多いのですが、そのアクの強さが周囲からの反感をかったり憎まれたりすることはありません。

この球の男性は、他人の目など気にせず、自分の目的に向かって突き進みます。社交性もあり、さっぱりした性格で、周囲を自分のペースに巻き込んでいきます。女性は、しっかり者のキャリアウーマン・タイプです。有言実行型で、皆の「お姉さん」的存在です。

世渡りが上手く、下から上へ伸し上がってくる人も多く、物質的にも恵まれます。

❖三・九の法則による対人関係相性

命の関係　心球
業・胎の関係　識球・阿球
安・壊の関係　諸球・如球・是球・僧球・世球・受球
栄・親の関係　法球・智球・有球・多球・真球・界球
友・衰の関係　等球・生球・声球・摩球・般球・羅球
危・成の関係　利球・想球・耀球・空球・香球・夢球

❖心球の恋愛・結婚

男女ともに、恋愛を意識しないカジュアルな交友関係、仕事仲間や遊び友達から、恋愛に発展していくパターンが多いです。仕事にも遊びにも全力投球で人生を楽しんでいる時が、最も輝いている時なので、そこから、いつの間にか出会いが始まっていたりします。

男性は、自信家でややデリカシーに欠けるところもあるので、「我儘で勝手な人」と思われてしまうこともあります。

女性は、女らしさに欠けているところがあり、仕事や趣味に夢中になる方なので、人によっては、恋愛や結婚とは縁遠くなってしまうこともあります。また、自由気儘な恋愛を楽しみたいタイプなので、相手のことを嫌いになると、未練なく別れてしまう面もあります。

この球の女性は、負けず嫌いで働き者で内助《ないじょ》の功《こう》を発揮することで、結婚した男性を出世させると言われています。しかし、性格が強すぎて、夫婦間に亀裂《きれつ》が生じることも懸念《けねん》されるので注意しましょう。

結婚は三十代になってからの方が幸せになれます。また、結婚という形にこだわらなくても上手くいくこともあります。

▶法球《ほうきゅう》◀

◉温厚で世話好き・組織を支える人。冷静沈着で地味に我が道を歩む人。

◉戦略・根気があり、堅実な人。意外とナルシストな面もあり。

❖法球の性格と運命

気取りが無く温厚で、付き合いの良い庶民派です。年上からも年下からも慕われ、人から慕われることを喜び、人を喜ばせるために人の世話を進んでする人です。

善良でお人好しな反面、仕事や商売のことになるとドライに割り切り、金銭感覚に鋭く、実利を重んじます。

立場や名声よりも、現実的な利益を優先するところがあります。無駄遣いをしないので、生涯お金に困ることはありませんが、周囲から「ケチな人」と思われないように、時と場合を考えて、お金を使うのも良いでしょう。

また、人付き合いが良いわりに、内心、他人に心を許さず、極端な場合には、自分の殻《から》に閉じこもり、いわゆる「ひきこもり」になってしまいがちです。

❖三・九の法則による対人関係相性

命の関係　法球

業・胎の関係　真球・有球

安・壊の関係　利球・等球・耀球・声球・香球・般球

栄・親の関係　生球・心球・摩球・識球・羅球・阿球

友・衰の関係　智球・諸球・多球・是球・界球・世球

危・成の関係　空球・如球・想球・僧球・夢球・受球

❖法球の恋愛・結婚

男性の場合、気持ちを表現することに不器用ですから、好きな相手ができても愛情表現は上手ではありません。どんなに付き合っても、自分の中に入りこまれるのを無意識のうちに嫌います。理想が高く、恋愛に対して熱しやすく冷めやすい方です。女性の場合、「愛の告白は男性から」と思っているので、自分から積極的にアプローチすることはなく、常に恋愛には受け身です。祝福される結婚を求めるため、慎重になりがちなので、晩婚になる傾向があります。

男女ともに結婚運はあまり良いとは言えません。初婚より再婚で幸せをつかむ人が多いのが特徴です。

女性は結婚後は、家計をやりくりすることに執着《しゅうちゃく》し、実用重視の地味な主婦になる傾向があります。この傾向は、良く言えば「堅実な良妻賢母」ですが、心にゆとりがなく、自分の身だしなみを全く気にしなくなってしまうので、節約もほどほどにしてください。

▶生球《せいきゅう》◀

◉品が良く、礼儀をよくわきまえる人。好奇心が強く、実力がある人。

◉純粋な性格で、人のために働く人。プライドが高く、自分の理想に向かって進む人。

❖生球の性格と運命

育ちの良さ、品の良さを感じさせる球のため、「おぼっちゃん型」・「お嬢さま型」の人が多く、プライドが高く、周囲からは「お高くとまっている」と見られがちです。潔白な生き方を心がけ、正義感も強く、人に頭を下げることが苦手です。また、この球の人は、社会の底辺の触れた経験が少なく、そのため、社会の厳しさや裏表がわからない「世間知らず」が多いです。

争いごとを好まず、自分の理想に向かって手堅く人生を歩んで行き、慈善活動にも積極的で、「世のため、人のため」と思う気持ちが強く、誰に対しても分けへだてなく親切に接することができます。

謙虚さを失わず、周囲への心配りを怠らなければ、恵まれた天運を活かし、幸せな一生を送れるでしょう。

❖三・九の法則による対人関係相性

命の関係　生球

業・胎の関係　羅球・摩球

安・壊の関係　空球・智球・想球・多球・夢球・界球

栄・親の関係　諸球・法球・是球・真球・世球・有球

友・衰の関係　心球・利球・識球・耀球・阿球・香球

危・成の関係　僧球・等球・如球・声球・受球・般球

❖生球の恋愛・結婚

男女ともに、理想が高く潔癖な性格なので、好きな異性ができても、プライドが邪魔をして、自分から「好き」と言えません。さらに、女性の場合は、自分から甘えることが苦手で、かつ強情な面があるので、相手に気持ちが伝わりにくいです。

この球の男性は優柔不断で、相手をイラつかせてしまうこともあるので、縁結びには第三者が必要なのかもしれません。

男性も女性も、結婚についてはお見合いか紹介の方が上手くいくようです。結婚すると、いつもいっしょにいたいという気持ちが強いので、同じタイプの相手であれば上手くいきます。相手によっては、束縛をされることを嫌がる人もいるので、相手の気持ちを考えて、程よい距離を置くことも幸せな家庭を築いていくためには必要です。

諸球《しょきゅう》

◉独自の道を貫く、聡明で頭の良い人。細やかな神経の持ち主。

◉商才があり、臨機応変に対応できる人。個性を活かして成功をつかむ。

❖諸球の性格と運命

この球は、人を惹きつける明るさと緻密な人間観察力を授かっています。よく気がつき、さりげない気配りができます。

エネルギッシュでフットワークが軽く、よく働きます。多芸多才で趣味も豊か。頭の中で緻密《らみつ》な計算をこなして、奇抜な発想で人の心をつかみます。

内心は我儘な面もあり、お人好しで善良そうな反面で、利害関係が絡むと相手の気持ちを無視したり、人とのつながりを断ち切ったりしてしまう冷たい面も持っています。陽気で呑気《のんき》そうに見えますが、心の中で周囲の人たちの反応を探ったり、勘ぐったりするところがあります。また、意外と小心者な一面も持っています。

自己愛が強く、自分のこととなると、日頃は争いごとを好まない性格なのに、理屈っぽくなり、人と衝突してしまうこともあります。また、良くも悪くも、周囲を自分モードに巻き込んでしまいます。

この球の欠点は、行き過ぎた好奇心の旺盛さで、あれもこれもといろいろなことに興味を持ちすぎて、どれも中途半端になってしまうところです。遊び好きな人や優柔不断な人であれば、これが原因で散財したり、失敗したりすることもあります。

健康面は、生まれつき丈夫で病気をしない方で、長命な人が多いです。しかし、事故に遭いやすい相があるので注意してください。特に、頭部打撲した場合は、必ず脳外科で検査してもらうと良いでしょう。

❖三・九の法則による対人関係相性

命の関係	諸球
業・胎の関係	世球・是球
安・壊の関係	僧球・心球・如球・識球・受球・阿球
栄・親の関係	利球・生球・耀球・羅球・香球・摩球
友・衰の関係	法球・空球・真球・想球・有球・夢球
危・成の関係	声球・智球・等球・多球・般球・界球

❖諸球の恋愛・結婚

外見から受ける印象とは異なり、異性への好き嫌いが激しいところがあります。男性は、理想が高く、冷静に相手を観察するので、女性が引いてしまうところがあります。

女性は、真面目で潔癖すぎるため、恋愛には臆病です。この球でキャリアウーマン型の女性は、仕事に打ち込むあまりに婚期を逃してしまうこともあるようです。我儘で理屈っぽいところがあり、意見が合わないと些細なことでも相手と衝突しやすいため、失恋や失敗の経験も少なくないです。

結婚せず、一生独身でいる方が気が楽だと思われる人が多いので、良い出会いがあれば、早めに結婚をした方が良いようです。女性の場合は、年上で包容力のある男性と結婚すれば幸せな家庭で生涯過ごすことができるでしょう。

結婚後は、家庭があることが心の支えとなり、仕事と家庭の両立を上手くできるでしょう。

男性の場合は、趣味や好みを相手に求める傾向があるので、相手を疲れさせないようにすることが幸せの秘訣《ひけつ》です。

利球《りきゅう》

◉大きなエネルギーを持ち、リーダーシップのある人。ユーモアと個性があり、大きなスケールで、強い信念を持つ人。

◉独立独歩で、反骨精神が旺盛。野にあってこそ、実力を発揮する。

❖利球の性格と運命

この球は自尊心が強く、緻密な頭脳とエネルギーを授かっています。自分を信じ、他人を信用できないため、人を頼りにしたり、他人から面倒を見てもらうことが嫌いです。朗らかでユーモラスな感じに見えますが、本心はとらえにくく、どこか皮肉っぽい面もあり、自分の思いが通じないと、執念深く、復讐心《ふくしゅうしん》を燃やしたりもします。また、粗暴で怒りっぽいところもあります。

何事も自分のやりたいようにやらないと気がすまない性格で、孤立することを恐れず、自分の夢に向かって生きることが一番大切と思っています。ただし、この球は、賢者と愚者の差が極端に出る球なので、己を客観的に見て動くことも大切です。

賢者となる人は、頭の回転が速く、人の心を読み、何事においても実力を発揮しています。一方で、愚者となる人は、利口ぶっているだけで、知性も実力もなく、気にいらないと暴言を吐いたり、他人を見下したような態度をとったりします。

晩年運が弱くなる傾向にあるので、日々の努力を怠らないように努めましょう。粗暴な言葉や非協力的な態度で他人を傷つけると、金銭運が下がるという暗示があります。友達や仕事仲間との協調性を保てば、本来、金銭運には恵まれている球なので良い方向に向かうでしょう。

健康面では、この球は「食通・グルメ」の人が多い球なので、胃や肝臓の病気、そして糖尿病や動脈硬化などの生活習慣病に注意が必要です。お酒や肉料理を好む人は暴飲暴食しないように気をつけましょう。

❖三・九の法則による対人関係相性

命の関係 利球
業・胎の関係 香球・耀球
安・壊の関係 声球・法球・等球・真球・般球・有球
栄・親の関係 空球・諸球・想球・世球・夢球・是球
友・衰の関係 生球・僧球・羅球・如球・摩球・受球
危・成の関係 多球・心球・智球・識球・界球・阿球

❖利球の恋愛・結婚

男女ともに、相手の外見にこだわり、美形好みで、一目惚れしやすい傾向にあります。男性は、頼もしい感じで、女性への気遣いもできるのですが、女性の目から見ると近づきがたい雰囲気を持っているようです。女性は、自分とは正反対の軟弱な感じの男性でも受け入れてしまい、恋愛の主導権を握って、男性をグイグイと引っ張っていきます。男性運はあまり良いとは言えません。見た目で選んでしまった男性の我儘に振り回されて苦労してしまうこともあります。また、復讐心が強いのもこの球の女性の特徴です。

異性を見る目は乏《とぼ》しいので、自分で相手を探すよりも、周囲の人の意見を聞いて、相手を選ぶ方が後々失敗が少ないようです。結婚相手であるならば、お見合いや紹介の方が上手くいくでしょう。

結婚後は、やりくり上手な妻となり、様々な困難を乗り越えて、家庭を守っていくでしょう。可愛い奥さんというよりも、しっかり者の奥さんという感じになる人が多いようです。

年表

1935年〜2017年

1936年（昭和11年）

12月	11月	10月	9月	8月	7月	6月	5月	4月	3月	2月	1月	
真	多	利	法	想	摩	界	夢	香	識	多	利	1
羅	識	空	生	如	是	阿	受	夢	真	識	空	2
世	真	僧	諸	等	耀	有	般	受	羅	真	僧	3
香	羅	声	利	智	想	摩	界	般	世	羅	声	4
夢	世	多	空	心	如	是	阿	界	香	世	多	5
受	香	識	僧	法	等	真	有	阿	夢	香	識	6
般	夢	真	声	生	智	羅	摩	有	受	夢	真	7
界	受	羅	多	諸	心	世	是	摩	般	受	羅	8
阿	般	世	識	利	法	香	耀	是	界	般	世	9
有	界	香	真	空	生	夢	想	耀	阿	界	香	10
摩	阿	夢	羅	僧	諸	受	如	想	有	阿	夢	11
是	有	受	世	声	利	般	等	如	摩	有	受	12
耀	摩	般	香	多	空	界	智	等	是	摩	般	13
想	摩	界	夢	識	僧	阿	心	智	耀	是	界	14
如	是	阿	受	真	声	有	法	心	想	耀	阿	15
等	耀	有	般	羅	多	摩	生	法	如	想	有	16
智	想	摩	界	香	識	是	諸	生	等	如	摩	17
心	如	是	阿	夢	真	耀	利	諸	智	等	是	18
法	等	耀	有	受	真	多	空	利	心	智	耀	19
生	智	想	摩	般	羅	識	僧	空	法	心	想	20
諸	心	如	是	界	世	真	僧	利	生	法	如	21
利	法	等	耀	阿	香	羅	声	空	諸	生	等	22
空	生	智	想	有	夢	世	多	僧	利	生	智	23
僧	諸	心	如	摩	受	香	識	声	空	諸	心	24
声	利	法	等	是	般	夢	真	多	僧	利	法	25
多	空	生	智	耀	界	受	羅	識	声	空	生	26
識	僧	諸	心	想	阿	般	世	真	多	僧	諸	27
真	声	利	法	如	有	界	香	羅	識	声	利	28
羅	多	空	生	等	摩	阿	夢	世	真	多	空	29
世	識	僧	諸	智	是	有	受	香	羅		僧	30
香		声		心	耀		般		世		声	31

1937年（昭和12年）

12月	11月	10月	9月	8月	7月	6月	5月	4月	3月	2月	1月	
是	有	受	世	声	諸	法	如	是	阿	界	夢	1
耀	摩	般	香	多	利	生	等	耀	有	阿	受	2
想	摩	界	夢	識	空	諸	智	想	摩	有	般	3
如	是	阿	受	真	僧	利	心	如	是	摩	界	4
等	耀	有	般	羅	声	空	法	等	耀	是	阿	5
智	想	摩	界	香	多	僧	生	智	想	耀	有	6
心	如	是	阿	夢	識	声	諸	心	如	想	摩	7
法	等	耀	有	受	真	多	利	法	等	如	是	8
生	智	想	摩	般	羅	多	空	生	智	等	耀	9
諸	心	如	是	界	世	識	僧	諸	心	智	想	10
利	法	等	耀	阿	香	真	声	利	法	心	如	11
空	生	智	想	有	夢	羅	多	空	生	法	等	12
僧	諸	心	如	摩	受	世	識	僧	生	生	等	13
声	利	法	等	是	般	香	真	声	諸	諸	智	14
多	空	生	智	耀	界	夢	羅	多	利	利	心	15
識	僧	諸	心	想	阿	受	世	識	空	空	法	16
真	声	利	法	如	有	般	香	真	僧	僧	生	17
羅	多	空	生	等	摩	界	夢	羅	声	声	諸	18
世	識	僧	諸	智	是	阿	受	世	多	多	利	19
香	真	声	利	心	耀	有	般	香	識	識	空	20
夢	羅	多	空	法	想	摩	界	夢	真	真	僧	21
受	世	識	僧	生	如	是	阿	受	羅	羅	声	22
般	香	真	声	諸	等	耀	有	般	世	世	多	23
界	夢	羅	多	利	智	想	摩	界	香	香	識	24
阿	受	世	識	空	心	如	是	阿	夢	夢	真	25
有	般	香	真	僧	法	等	耀	有	受	受	羅	26
摩	界	夢	羅	声	生	智	想	摩	般	般	世	27
是	阿	受	世	多	諸	心	如	是	界	界	香	28
耀	有	般	香	識	利	法	等	耀	阿		夢	29
想	摩	界	夢	真	空	生	智	想	有		受	30
如		阿		羅	僧		心		摩		般	31

1938年（昭和13年）

12月	11月	10月	9月	8月	7月	6月	5月	4月	3月	2月	1月	
生	心	想	摩	阿	香	羅	声	利	生	法	等	1
諸	法	如	是	有	夢	世	多	空	生	生	等	2
利	生	等	耀	摩	受	香	識	僧	諸	諸	智	3
空	諸	智	想	是	般	夢	真	声	利	利	心	4
僧	利	心	如	耀	界	受	羅	多	空	空	法	5
声	空	法	等	想	阿	般	世	識	僧	僧	生	6
多	僧	生	智	如	有	界	香	真	声	声	諸	7
識	声	諸	心	等	摩	阿	夢	羅	多	多	利	8
真	多	利	法	智	是	有	受	世	識	識	空	9
羅	識	空	生	心	耀	摩	般	香	真	真	僧	10
世	真	僧	諸	法	想	是	界	夢	羅	羅	声	11
香	羅	声	利	生	如	耀	阿	受	世	世	多	12
夢	世	多	空	諸	等	想	有	般	香	香	識	13
受	香	識	僧	利	智	如	摩	界	夢	夢	真	14
般	夢	真	声	空	心	等	是	阿	受	受	羅	15
界	受	羅	多	僧	法	智	耀	有	般	般	世	16
阿	般	世	識	声	生	心	想	摩	界	界	香	17
有	界	香	真	多	諸	法	如	是	阿	阿	夢	18
摩	阿	夢	羅	識	利	生	等	耀	有	有	受	19
是	有	受	世	真	空	諸	智	想	摩	摩	般	20
耀	摩	般	香	羅	僧	利	心	如	是	是	界	21
想	摩	界	夢	世	声	空	法	等	耀	耀	阿	22
如	是	阿	受	香	多	僧	生	智	想	想	有	23
等	耀	有	般	夢	識	声	諸	心	如	如	摩	24
智	想	摩	界	香	真	多	利	法	等	等	是	25
心	如	是	阿	夢	羅	識	空	生	智	智	耀	26
法	等	耀	有	受	香	真	僧	諸	心	心	想	27
生	智	想	摩	般	夢	真	声	利	法	法	如	28
諸	心	如	是	界	受	羅	多	空	生		等	29
利	法	等	耀	阿	般	世	識	僧	諸		智	30
空		智		有	界		真		利		心	31

1939年（昭和14年）

12月	11月	10月	9月	8月	7月	6月	5月	4月	3月	2月	1月	
香	真	声	諸	等	耀	有	受	香	真	真	僧	1
夢	羅	多	利	智	想	摩	般	夢	羅	羅	声	2
受	世	識	空	心	如	是	界	受	世	世	多	3
般	香	真	僧	法	等	耀	阿	般	香	香	識	4
界	夢	羅	声	生	智	想	有	界	夢	夢	真	5
阿	受	世	多	諸	心	如	摩	阿	受	受	羅	6
有	般	香	識	利	法	等	是	有	般	般	世	7
摩	界	夢	真	空	生	智	耀	摩	界	界	香	8
是	阿	受	羅	僧	諸	心	想	是	阿	阿	夢	9
耀	有	般	世	声	利	法	如	耀	有	有	受	10
想	摩	界	香	多	空	生	等	想	摩	摩	般	11
如	是	阿	夢	識	僧	諸	智	如	是	是	界	12
等	耀	阿	般	真	声	利	心	等	耀	耀	阿	13
智	想	有	界	羅	多	空	法	智	想	想	有	14
心	如	摩	阿	香	識	僧	生	心	如	如	摩	15
法	等	是	有	夢	真	声	諸	法	等	等	是	16
生	智	耀	摩	受	真	多	利	生	智	智	耀	17
諸	心	想	是	般	羅	識	空	諸	心	心	想	18
利	法	如	耀	界	世	真	僧	利	法	心	如	19
空	生	等	想	阿	香	羅	声	利	生	法	等	20
僧	諸	智	如	有	夢	世	多	空	生	生	智	21
声	利	心	等	摩	受	香	識	僧	諸	諸	心	22
多	空	法	智	是	般	夢	真	声	利	利	法	23
識	僧	生	心	耀	界	受	羅	多	空	空	生	24
真	声	諸	法	想	阿	般	世	識	僧	僧	諸	25
羅	多	利	生	如	有	界	香	真	声	声	利	26
世	識	空	諸	等	摩	阿	夢	羅	多	多	空	27
香	真	僧	利	智	是	有	受	世	識	識	僧	28
夢	羅	声	空	心	耀	摩	般	香	真		声	29
受	世	多	僧	法	想	是	界	夢	羅		多	30
般		識		生	如		阿		世		識	31

1940年（昭和15年）

12月	11月	10月	9月	8月	7月	6月	5月	4月	3月	2月	1月	
等	是	阿	夢	真	僧	利	心	等	耀	是	界	1
智	耀	有	般	羅	声	空	法	智	想	耀	阿	2
心	想	摩	界	世	多	僧	生	心	如	想	有	3
法	如	是	阿	香	識	声	諸	法	等	如	摩	4
生	等	耀	有	夢	真	多	利	生	智	等	是	5
諸	智	想	摩	受	羅	多	空	諸	心	智	耀	6
利	心	如	是	般	世	識	僧	利	法	心	想	7
空	法	等	耀	界	香	真	声	利	生	心	如	8
僧	生	智	想	阿	夢	羅	多	空	生	法	等	9
声	諸	心	如	有	受	世	識	僧	諸	生	智	10
多	利	法	等	摩	般	香	真	声	利	諸	心	11
識	空	生	智	是	界	夢	羅	多	空	利	法	12
真	僧	諸	心	耀	阿	受	世	識	僧	空	生	13
羅	声	利	法	想	有	般	香	真	声	僧	諸	14
世	多	空	生	如	摩	界	夢	羅	多	声	利	15
香	識	僧	諸	等	是	阿	受	世	識	多	空	16
夢	真	声	利	智	耀	有	般	香	真	識	僧	17
受	羅	多	空	心	想	摩	界	夢	羅	真	声	18
般	世	識	僧	法	如	是	阿	受	世	羅	多	19
界	香	真	声	生	等	耀	有	般	香	世	識	20
阿	夢	羅	多	諸	智	想	摩	界	夢	香	真	21
有	受	世	識	利	心	如	是	阿	受	夢	羅	22
摩	般	香	真	空	法	等	耀	有	般	受	世	23
是	界	夢	羅	僧	生	智	想	摩	界	般	香	24
耀	阿	受	世	声	諸	心	如	是	阿	界	夢	25
想	有	般	香	多	利	法	等	耀	有	阿	受	26
如	摩	界	夢	識	空	生	智	想	摩	有	般	27
等	是	阿	受	真	僧	諸	心	如	是	摩	界	28
等	想	有	般	羅	声	利	法	等	耀	是	阿	29
智	如	摩	界	世	多	空	生	智	想		有	30
心		摩		香	識		諸		如		摩	31

1941年（昭和16年）

12月	11月	10月	9月	8月	7月	6月	5月	4月	3月	2月	1月	
空	諸	智	耀	阿	般	夢	羅	多	空	空	法	1
僧	利	心	想	有	界	受	世	識	僧	僧	生	2
声	空	法	如	摩	阿	般	香	真	声	声	諸	3
多	僧	生	等	是	有	界	夢	羅	多	多	利	4
識	声	諸	智	耀	摩	阿	受	世	識	識	空	5
真	多	利	心	想	是	有	般	香	真	真	僧	6
羅	識	空	法	如	耀	摩	界	夢	羅	羅	声	7
世	真	僧	生	等	想	是	阿	受	世	世	多	8
香	羅	声	諸	智	如	耀	有	般	香	香	識	9
夢	世	多	利	心	等	想	摩	界	夢	夢	真	10
受	香	識	空	法	智	如	是	阿	受	受	羅	11
般	夢	真	僧	生	心	等	耀	有	般	般	世	12
界	受	羅	声	諸	法	智	想	摩	界	界	香	13
阿	般	世	多	利	生	心	如	是	阿	阿	夢	14
有	界	香	識	空	諸	法	等	耀	有	有	受	15
摩	阿	夢	真	僧	利	生	智	想	摩	摩	般	16
是	有	受	羅	声	空	諸	心	如	是	是	界	17
想	摩	般	世	多	僧	利	法	等	耀	耀	阿	18
如	摩	界	香	識	声	空	生	智	想	想	有	19
等	是	阿	夢	真	多	僧	諸	心	如	如	摩	20
智	耀	有	般	羅	識	声	利	法	等	等	是	21
心	想	摩	界	世	真	多	空	生	智	智	耀	22
法	如	是	阿	香	羅	識	僧	諸	心	心	想	23
生	等	耀	有	夢	真	真	声	利	法	法	如	24
諸	智	想	摩	受	羅	真	多	空	生	生	等	25
利	心	如	是	般	世	羅	多	僧	諸	生	智	26
空	法	等	耀	界	香	世	識	声	利	諸	心	27
僧	生	智	想	阿	夢	香	真	多	利	利	法	28
声	諸	心	如	有	受	夢	羅	識	空		生	29
多	利	法	等	摩	般	受	世	真	僧		諸	30
識		生		是	界		香		声		利	31

1942年（昭和17年）

12月	11月	10月	9月	8月	7月	6月	5月	4月	3月	2月	1月	
受	香	識	僧	生	等	想	摩	界	夢	香	真	1
般	夢	真	声	諸	智	如	是	阿	受	夢	羅	2
界	受	羅	多	利	心	等	耀	有	般	受	世	3
阿	般	世	識	空	法	智	想	摩	界	般	香	4
有	界	香	真	僧	生	心	如	是	阿	界	夢	5
摩	阿	夢	羅	声	諸	法	等	耀	有	阿	受	6
是	有	受	世	多	利	生	智	想	摩	有	般	7
想	摩	般	香	識	空	諸	心	如	是	摩	界	8
如	摩	界	夢	真	僧	利	法	等	耀	是	阿	9
等	是	阿	受	羅	声	空	生	智	想	耀	有	10
智	耀	有	般	世	多	僧	諸	心	如	想	摩	11
心	想	摩	界	香	識	声	利	法	等	如	是	12
法	如	是	阿	夢	真	多	空	生	智	等	耀	13
生	等	耀	有	受	羅	多	僧	諸	心	智	想	14
諸	智	想	摩	般	世	識	僧	利	法	心	如	15
利	心	如	是	界	香	真	声	空	生	法	等	16
空	法	等	耀	阿	夢	羅	多	僧	生	生	等	17
僧	生	智	想	有	受	世	識	声	諸	諸	智	18
声	諸	心	如	摩	般	香	真	多	利	利	心	19
多	利	法	等	是	界	夢	羅	識	空	空	法	20
識	空	生	智	耀	阿	受	世	真	僧	僧	生	21
真	僧	諸	心	想	有	般	香	羅	声	声	諸	22
羅	声	利	法	如	摩	界	夢	世	多	多	利	23
世	多	空	生	等	是	阿	受	香	識	識	空	24
香	識	僧	諸	智	耀	有	般	夢	真	真	僧	25
夢	真	声	利	心	想	摩	界	受	羅	羅	声	26
受	羅	多	空	法	如	是	阿	般	世	世	多	27
般	世	識	僧	生	等	耀	有	界	香	香	識	28
界	香	真	声	諸	智	想	摩	阿	夢		真	29
阿	夢	羅	多	利	心	如	是	有	受		羅	30
有		世		空	法		耀		般		世	31

1943年（昭和18年）

12月	11月	10月	9月	8月	7月	6月	5月	4月	3月	2月	1月	
智	想	摩	界	香	識	声	諸	法	如	如	摩	1
心	如	是	阿	夢	真	多	利	生	等	等	是	2
法	等	耀	有	受	羅	多	空	諸	智	智	耀	3
生	智	想	摩	般	世	識	僧	利	心	心	想	4
諸	心	如	是	界	香	真	声	利	法	心	如	5
利	法	等	耀	阿	夢	羅	多	空	生	法	等	6
空	生	智	想	有	受	世	識	僧	諸	生	智	7
僧	諸	心	如	摩	般	香	真	声	利	諸	心	8
声	利	法	等	是	界	夢	羅	多	空	利	法	9
多	空	生	智	耀	阿	受	世	識	僧	空	生	10
識	僧	諸	心	想	有	般	香	真	声	僧	諸	11
真	声	利	法	如	摩	界	夢	羅	多	声	利	12
羅	多	空	生	等	是	阿	受	世	識	多	空	13
世	識	僧	諸	智	耀	有	般	香	真	識	僧	14
香	真	声	利	心	想	摩	界	夢	羅	真	声	15
夢	羅	多	空	法	如	是	阿	受	世	羅	多	16
受	世	識	僧	生	等	耀	有	般	香	世	識	17
般	香	真	声	諸	智	想	摩	界	夢	香	真	18
界	夢	羅	多	利	心	如	是	阿	受	夢	羅	19
阿	受	世	識	空	法	等	耀	有	般	受	世	20
有	般	香	真	僧	生	智	想	摩	界	般	香	21
摩	界	夢	羅	声	諸	心	如	是	阿	界	夢	22
是	阿	受	世	多	利	法	等	耀	有	阿	受	23
耀	有	般	香	識	空	生	智	想	摩	有	般	24
想	摩	界	夢	真	僧	諸	心	如	是	摩	界	25
如	是	阿	受	羅	声	利	法	等	耀	是	阿	26
等	耀	有	般	世	多	空	生	智	想	耀	有	27
智	想	摩	界	香	識	僧	諸	心	如	想	摩	28
心	如	摩	阿	夢	真	声	利	法	等		是	29
法	等	是	有	受	羅	多	空	生	智		耀	30
生		耀		般	世		僧		心		想	31

1944年（昭和19年）

12月	11月	10月	9月	8月	7月	6月	5月	4月	3月	2月	1月	
多	僧	諸	智	耀	阿	般	夢	世	多	僧	諸	1
識	声	利	心	想	有	界	受	香	識	声	利	2
真	多	空	法	如	摩	阿	般	夢	真	多	空	3
羅	識	僧	生	等	是	有	界	受	羅	識	僧	4
世	真	声	諸	智	耀	摩	阿	般	世	真	声	5
香	羅	多	利	心	想	是	有	界	香	羅	多	6
夢	世	識	空	法	如	耀	摩	阿	夢	世	識	7
受	香	真	僧	生	等	想	是	有	受	香	真	8
般	夢	羅	声	諸	智	如	耀	摩	般	夢	羅	9
界	受	世	多	利	心	等	想	是	界	受	世	10
阿	般	香	識	空	法	智	如	耀	阿	般	香	11
有	界	夢	真	僧	生	心	等	想	有	界	夢	12
摩	阿	受	羅	声	諸	法	智	如	摩	阿	受	13
是	有	般	世	多	利	生	心	等	是	有	般	14
想	摩	界	香	識	空	諸	法	智	耀	摩	界	15
如	摩	阿	夢	真	僧	利	生	心	想	是	阿	16
等	是	阿	般	羅	声	空	諸	法	如	耀	有	17
智	耀	有	界	世	多	僧	利	生	等	想	摩	18
心	想	摩	阿	香	識	声	空	諸	智	如	是	19
法	如	是	有	夢	真	多	僧	利	心	等	耀	20
生	等	耀	摩	受	羅	多	声	空	法	智	想	21
諸	智	想	是	般	世	識	僧	僧	生	心	如	22
利	心	如	耀	界	香	真	声	僧	諸	法	等	23
空	法	等	想	阿	夢	羅	多	声	利	生	智	24
僧	生	智	如	有	受	世	識	多	空	諸	心	25
声	諸	心	等	摩	般	香	真	識	僧	利	心	26
多	利	法	智	是	界	夢	羅	真	声	空	法	27
識	空	生	心	耀	阿	受	世	羅	多	僧	生	28
真	僧	諸	法	想	有	般	香	世	識	声	諸	29
羅	声	利	生	如	摩	界	夢	香	真		利	30
世		空		等	是		受		羅		空	31

1945年（昭和20年）

12月	11月	10月	9月	8月	7月	6月	5月	4月	3月	2月	1月	
有	界	夢	真	僧	生	智	想	摩	般	般	香	1
摩	阿	受	羅	声	諸	心	如	是	界	界	夢	2
是	有	般	世	多	利	法	等	耀	阿	阿	受	3
耀	摩	界	香	識	空	生	智	想	有	有	般	4
想	摩	阿	夢	真	僧	諸	心	如	摩	摩	界	5
如	是	阿	般	羅	声	利	法	等	是	是	阿	6
等	耀	有	界	世	多	空	生	智	耀	耀	有	7
智	想	摩	阿	香	識	僧	諸	心	想	想	摩	8
心	如	是	有	夢	真	声	利	法	如	如	是	9
法	等	耀	摩	受	羅	多	空	生	等	等	耀	10
生	智	想	是	般	世	識	僧	諸	智	智	想	11
諸	心	如	耀	界	香	真	僧	利	心	心	如	12
利	法	等	想	阿	夢	羅	声	空	法	心	等	13
空	生	智	如	有	受	世	多	僧	生	法	等	14
僧	諸	心	等	摩	般	香	識	声	諸	生	智	15
声	利	法	智	是	界	夢	真	多	利	諸	心	16
多	空	生	心	耀	阿	受	羅	識	空	利	法	17
識	僧	諸	法	想	有	般	世	真	僧	空	生	18
真	声	利	生	如	摩	界	香	羅	声	僧	諸	19
羅	多	空	諸	等	是	阿	夢	世	多	声	利	20
世	識	僧	利	智	耀	有	受	香	識	多	空	21
香	真	声	空	心	想	摩	般	夢	真	識	僧	22
夢	羅	多	僧	法	如	是	界	受	羅	真	声	23
受	世	識	声	生	等	耀	阿	般	世	羅	多	24
般	香	真	多	諸	智	想	有	界	香	世	識	25
界	夢	羅	識	利	心	如	摩	阿	夢	香	真	26
阿	受	世	真	空	法	等	是	有	受	夢	羅	27
有	般	香	羅	僧	生	智	耀	摩	般	受	世	28
摩	界	夢	世	声	諸	心	想	是	界		香	29
是	阿	受	香	多	利	法	如	耀	阿		夢	30
耀		般		識	空		等		有		受	31

1946年（昭和21年）

12月	11月	10月	9月	8月	7月	6月	5月	4月	3月	2月	1月	
諸	心	如	是	界	世	識	僧	諸	心	心	想	1
利	法	等	耀	阿	香	真	声	利	法	心	如	2
空	生	智	想	有	夢	羅	多	空	生	法	等	3
僧	諸	心	如	摩	受	世	識	僧	生	生	智	4
声	利	法	等	是	般	香	真	声	諸	諸	心	5
多	空	生	智	耀	界	夢	羅	多	利	利	法	6
識	僧	諸	心	想	阿	受	世	識	空	空	生	7
真	声	利	法	如	有	般	香	真	僧	僧	諸	8
羅	多	空	生	等	摩	界	夢	羅	声	声	利	9
世	識	僧	諸	智	是	阿	受	世	多	多	空	10
香	真	声	利	心	耀	有	般	香	識	識	僧	11
夢	羅	多	空	法	想	摩	界	夢	真	真	声	12
受	世	識	僧	生	如	是	阿	受	羅	羅	多	13
般	香	真	声	諸	等	耀	有	般	世	世	識	14
界	夢	羅	多	利	智	想	摩	界	香	香	真	15
阿	受	世	識	空	心	如	是	阿	夢	夢	羅	16
有	般	香	真	僧	法	等	耀	有	受	受	世	17
摩	界	夢	羅	声	生	智	想	摩	般	般	香	18
是	阿	受	世	多	諸	心	如	是	界	界	夢	19
耀	有	般	香	識	利	法	等	耀	阿	阿	受	20
想	摩	界	夢	真	空	生	智	想	有	有	般	21
如	是	阿	受	羅	僧	諸	心	如	摩	摩	界	22
等	耀	有	般	世	声	利	法	等	是	是	阿	23
智	想	摩	界	香	多	空	生	智	耀	耀	有	24
心	如	摩	阿	夢	識	僧	諸	心	想	想	摩	25
法	等	是	有	受	真	声	利	法	如	如	是	26
生	智	耀	摩	般	羅	多	空	生	等	等	耀	27
諸	心	想	是	界	香	識	僧	諸	智	智	想	28
利	法	如	耀	阿	夢	真	声	利	心		如	29
空	生	等	想	有	受	羅	多	空	法		等	30
僧		智		摩	般		多		生		智	31

1947年（昭和22年）

12月	11月	10月	9月	8月	7月	6月	5月	4月	3月	2月	1月	
羅	識	空	生	如	摩	阿	夢	羅	真	真	声	1
世	真	僧	諸	等	是	有	受	世	羅	羅	多	2
香	羅	声	利	智	耀	摩	般	香	世	世	識	3
夢	世	多	空	心	想	是	界	夢	香	香	真	4
受	香	識	僧	法	如	耀	阿	受	夢	夢	羅	5
般	夢	真	声	生	等	想	有	般	受	受	世	6
界	受	羅	多	諸	智	如	摩	界	般	般	香	7
阿	般	世	識	利	心	等	是	阿	界	界	夢	8
有	界	香	真	空	法	智	耀	有	阿	阿	受	9
摩	阿	夢	羅	僧	生	心	想	摩	有	有	般	10
是	有	受	世	声	諸	法	如	是	摩	摩	界	11
想	摩	般	香	多	利	生	等	耀	是	是	阿	12
如	摩	界	夢	識	空	諸	智	想	耀	耀	有	13
等	是	阿	受	真	僧	利	心	如	想	想	摩	14
智	耀	有	般	羅	声	空	法	等	如	如	是	15
心	想	摩	界	香	多	僧	生	智	等	等	耀	16
法	如	是	阿	夢	識	声	諸	心	智	智	想	17
生	等	耀	有	受	真	多	利	法	心	心	如	18
諸	智	想	摩	般	羅	多	空	生	法	法	等	19
利	心	如	是	界	世	識	僧	諸	生	生	智	20
空	法	等	耀	阿	香	真	声	利	諸	生	心	21
僧	生	智	想	有	夢	羅	多	空	利	諸	心	22
声	諸	心	如	摩	受	世	識	僧	生	利	法	23
多	利	法	等	是	般	香	真	声	諸	空	生	24
識	空	生	智	耀	界	夢	羅	多	利	僧	諸	25
真	僧	諸	心	想	阿	受	世	識	空	声	利	26
羅	声	利	法	如	有	般	香	真	僧	多	空	27
世	多	空	生	等	摩	界	夢	羅	声	識	僧	28
香	識	僧	諸	智	是	阿	受	世	多		声	29
夢	真	声	利	心	耀	有	般	香	識		多	30
受		多		法	想		界		真		識	31

1948年（昭和23年）

12月	11月	10月	9月	8月	7月	6月	5月	4月	3月	2月	1月	
想	摩	界	香	多	空	生	智	想	摩	有	般	1
如	是	阿	夢	識	僧	諸	心	如	是	摩	界	2
等	耀	阿	般	真	声	利	法	等	耀	是	阿	3
智	想	有	界	羅	多	空	生	智	想	耀	有	4
心	如	摩	阿	香	識	僧	諸	心	如	想	摩	5
法	等	是	有	夢	真	声	利	法	等	如	是	6
生	智	耀	摩	受	真	多	空	生	智	等	耀	7
諸	心	想	是	般	羅	識	僧	諸	心	智	想	8
利	法	如	耀	界	世	真	僧	利	法	心	如	9
空	生	等	想	阿	香	羅	声	空	生	心	等	10
僧	諸	智	如	有	夢	世	多	僧	生	法	等	11
声	利	心	等	摩	受	香	識	声	諸	生	智	12
多	空	法	智	是	般	夢	真	多	利	諸	心	13
識	僧	生	心	耀	界	受	羅	識	空	利	法	14
真	声	諸	法	想	阿	般	世	真	僧	空	生	15
羅	多	利	生	如	有	界	香	羅	声	僧	諸	16
世	識	空	諸	等	摩	阿	夢	世	多	声	利	17
香	真	僧	利	智	是	有	受	香	識	多	空	18
夢	羅	声	空	心	耀	摩	般	夢	真	識	僧	19
受	世	多	僧	法	想	是	界	受	羅	真	声	20
般	香	識	声	生	如	耀	阿	般	世	羅	多	21
界	夢	真	多	諸	等	想	有	界	香	世	識	22
阿	受	羅	識	利	智	如	摩	阿	夢	香	真	23
有	般	世	真	空	心	等	是	有	受	夢	羅	24
摩	界	香	羅	僧	法	智	耀	摩	般	受	世	25
是	阿	夢	世	声	生	心	想	是	界	般	香	26
耀	有	受	香	多	諸	法	如	耀	阿	界	夢	27
想	摩	般	夢	識	利	生	等	想	有	阿	受	28
如	是	界	受	真	空	諸	智	如	摩	有	般	29
等	耀	阿	般	羅	僧	利	心	等	是		界	30
智		有		世	声		法		耀		阿	31

1949年（昭和24年）

12月	11月	10月	9月	8月	7月	6月	5月	4月	3月	2月	1月	
利	法	等	是	有	受	世	識	僧	諸	諸	心	1
空	生	智	耀	摩	般	香	真	声	利	利	法	2
僧	諸	心	想	是	界	夢	羅	多	空	空	生	3
声	利	法	如	耀	阿	受	世	識	僧	僧	諸	4
多	空	生	等	想	有	般	香	真	声	声	利	5
識	僧	諸	智	如	摩	界	夢	羅	多	多	空	6
真	声	利	心	等	是	阿	受	世	識	識	僧	7
羅	多	空	法	智	耀	有	般	香	真	真	声	8
世	識	僧	生	心	想	摩	界	夢	羅	羅	多	9
香	真	声	諸	法	如	是	阿	受	世	世	識	10
夢	羅	多	利	生	等	耀	有	般	香	香	真	11
受	世	識	空	諸	智	想	摩	界	夢	夢	羅	12
般	香	真	僧	利	心	如	是	阿	受	受	世	13
界	夢	羅	声	空	法	等	耀	有	般	般	香	14
阿	受	世	多	僧	生	智	想	摩	界	界	夢	15
有	般	香	識	声	諸	心	如	是	阿	阿	受	16
摩	界	夢	真	多	利	法	等	耀	有	有	般	17
是	阿	受	羅	識	空	生	智	想	摩	摩	界	18
耀	有	般	世	真	僧	諸	心	如	是	是	阿	19
想	摩	界	香	羅	声	利	法	等	耀	耀	有	20
如	是	阿	夢	世	多	空	生	智	想	想	摩	21
等	耀	阿	般	香	識	僧	諸	心	如	如	是	22
智	想	有	界	夢	真	声	利	法	等	等	耀	23
心	如	摩	阿	香	羅	多	空	生	智	智	想	24
法	等	是	有	夢	世	識	僧	諸	心	心	如	25
生	智	耀	摩	受	香	真	声	利	法	法	等	26
諸	心	想	是	般	夢	羅	多	空	生	生	智	27
利	法	如	耀	界	受	世	多	僧	諸	生	心	28
空	生	等	想	阿	般	香	識	声	利		心	29
僧	諸	智	如	有	界	夢	真	多	利		法	30
声		心		摩	阿		羅		空		生	31

1951年（昭和26年）

12月	11月	10月	9月	8月	7月	6月	5月	4月	3月	2月	1月	
等	耀	阿	般	羅	声	空	生	智	想	耀	有	1
智	想	有	界	世	多	僧	諸	心	如	想	摩	2
心	如	摩	阿	香	識	声	利	法	等	如	是	3
法	等	是	有	夢	真	多	空	生	智	等	耀	4
生	智	耀	摩	受	羅	多	僧	諸	心	智	想	5
諸	心	想	是	般	世	識	僧	利	法	心	如	6
利	法	如	耀	界	香	真	声	空	生	法	等	7
空	生	等	想	阿	夢	羅	多	僧	生	生	等	8
僧	諸	智	如	有	受	世	識	声	諸	諸	智	9
声	利	心	等	摩	般	香	真	多	利	利	心	10
多	空	法	智	是	界	夢	羅	識	空	空	法	11
識	僧	生	心	耀	阿	受	世	真	僧	僧	生	12
真	声	諸	法	想	有	般	香	羅	声	声	諸	13
羅	多	利	生	如	摩	界	夢	世	多	多	利	14
世	識	空	諸	等	是	阿	受	香	識	識	空	15
香	真	僧	利	智	耀	有	般	夢	真	真	僧	16
夢	羅	声	空	心	想	摩	界	受	羅	羅	声	17
受	世	多	僧	法	如	是	阿	般	世	世	多	18
般	香	識	声	生	等	耀	有	界	香	香	識	19
界	夢	真	多	諸	智	想	摩	阿	夢	夢	真	20
阿	受	羅	識	利	心	如	是	有	受	受	羅	21
有	般	世	真	空	法	等	耀	摩	般	般	世	22
摩	界	香	羅	僧	生	智	想	是	界	界	香	23
是	阿	夢	世	声	諸	心	如	耀	阿	阿	夢	24
耀	有	受	香	多	利	法	等	想	有	有	受	25
想	摩	般	夢	識	空	生	智	如	摩	摩	般	26
如	是	界	受	真	僧	諸	心	等	是	是	界	27
等	耀	阿	般	羅	声	利	法	智	耀	耀	阿	28
智	想	有	界	世	多	空	生	心	想		有	29
心	如	摩	阿	香	識	僧	諸	法	如		摩	30
法		是		夢	真		利		等		是	31

1950年（昭和25年）

12月	11月	10月	9月	8月	7月	6月	5月	4月	3月	2月	1月	
夢	世	多	利	心	想	是	阿	受	世	世	多	1
受	香	識	空	法	如	耀	有	般	香	香	識	2
般	夢	真	僧	生	等	想	摩	界	夢	夢	真	3
界	受	羅	声	諸	智	如	是	阿	受	受	羅	4
阿	般	世	多	利	心	等	耀	有	般	般	世	5
有	界	香	識	空	法	智	想	摩	界	界	香	6
摩	阿	夢	真	僧	生	心	如	是	阿	阿	夢	7
是	有	受	羅	声	諸	法	等	耀	有	有	受	8
想	摩	般	世	多	利	生	智	想	摩	摩	般	9
如	摩	界	香	識	空	諸	心	如	是	是	界	10
等	是	阿	夢	真	僧	利	法	等	耀	耀	阿	11
智	耀	有	般	羅	声	空	生	智	想	想	有	12
心	想	摩	界	世	多	僧	諸	心	如	如	摩	13
法	如	是	阿	香	識	声	利	法	等	等	是	14
生	等	耀	有	夢	真	多	空	生	智	智	耀	15
諸	智	想	摩	受	羅	多	僧	諸	心	心	想	16
利	心	如	是	般	世	識	僧	利	法	心	如	17
空	法	等	耀	界	香	真	声	空	生	法	等	18
僧	生	智	想	阿	夢	羅	多	僧	生	生	智	19
声	諸	心	如	有	受	世	識	声	諸	諸	心	20
多	利	法	等	摩	般	香	真	多	利	利	法	21
識	空	生	智	是	界	夢	羅	識	空	空	生	22
真	僧	諸	心	耀	阿	受	世	真	僧	僧	諸	23
羅	声	利	法	想	有	般	香	羅	声	声	利	24
世	多	空	生	如	摩	界	夢	世	多	多	空	25
香	識	僧	諸	等	是	阿	受	香	識	識	僧	26
夢	真	声	利	智	耀	有	般	夢	真	真	声	27
受	羅	多	空	心	想	摩	界	受	羅	羅	多	28
般	世	識	僧	法	如	是	阿	般	世		識	29
界	香	真	声	生	等	耀	有	界	香		真	30
阿		羅		諸	智		摩		夢		羅	31

1952年（昭和27年）

12月	11月	10月	9月	8月	7月	6月	5月	4月	3月	2月	1月	
声	利	法	如	摩	界	般	香	真	声	空	生	1
多	空	生	等	是	阿	界	夢	羅	多	僧	諸	2
識	僧	諸	智	耀	有	阿	受	世	識	声	利	3
真	声	利	心	想	摩	有	般	香	真	多	空	4
羅	多	空	法	如	是	摩	界	夢	羅	識	僧	5
世	識	僧	生	等	耀	是	阿	受	世	真	声	6
香	真	声	諸	智	想	耀	有	般	香	羅	多	7
夢	羅	多	利	心	如	想	摩	界	夢	世	識	8
受	世	識	空	法	等	如	是	阿	受	香	真	9
般	香	真	僧	生	智	等	耀	有	般	夢	羅	10
界	夢	羅	声	諸	心	智	想	摩	界	受	世	11
阿	受	世	多	利	法	心	如	是	阿	般	香	12
有	般	香	識	空	生	法	等	耀	有	界	夢	13
摩	界	夢	真	僧	諸	生	智	想	摩	阿	受	14
是	阿	受	羅	声	利	諸	心	如	是	有	般	15
耀	有	般	世	多	空	利	法	等	耀	摩	界	16
想	摩	界	香	識	僧	空	生	智	想	是	阿	17
如	是	阿	夢	真	声	僧	諸	心	如	耀	有	18
等	耀	阿	般	羅	多	声	利	法	等	想	摩	19
智	想	有	界	世	識	多	空	生	智	如	是	20
心	如	摩	阿	香	真	識	僧	諸	心	等	耀	21
法	等	是	有	夢	真	多	声	利	法	智	想	22
生	智	耀	摩	受	羅	識	多	空	生	心	如	23
諸	心	想	是	般	世	真	多	僧	諸	法	等	24
利	法	如	耀	界	香	羅	識	声	利	生	智	25
空	生	等	想	阿	夢	世	真	多	利	諸	心	26
僧	諸	智	如	有	受	香	羅	識	空	利	心	27
声	利	心	等	摩	般	夢	世	真	僧	空	法	28
多	空	法	智	是	界	受	香	羅	声	僧	生	29
識	僧	生	心	耀	阿	般	夢	世	多		諸	30
真		諸		想	有		受		識		利	31

1953年（昭和28年）

12月	11月	10月	9月	8月	7月	6月	5月	4月	3月	2月	1月	
界	受	世	多	利	法	等	是	有	受	受	羅	1
阿	般	香	識	空	生	智	耀	摩	般	般	世	2
有	界	夢	真	僧	諸	心	想	是	界	界	香	3
摩	阿	受	羅	声	利	法	如	耀	阿	阿	夢	4
是	有	般	世	多	空	生	等	想	有	有	受	5
想	摩	界	香	識	僧	諸	智	如	摩	摩	般	6
如	摩	阿	夢	真	声	利	心	等	是	是	界	7
等	是	阿	般	羅	多	空	法	智	耀	耀	阿	8
智	耀	有	界	世	識	僧	生	心	想	想	有	9
心	想	摩	阿	香	真	声	諸	法	如	如	摩	10
法	如	是	有	夢	真	多	利	生	等	等	是	11
生	等	耀	摩	受	羅	識	空	諸	智	智	耀	12
諸	智	想	是	般	世	真	僧	利	心	心	想	13
利	心	如	耀	界	香	羅	声	利	法	心	如	14
空	法	等	想	阿	夢	世	多	空	生	法	等	15
僧	生	智	如	有	受	香	識	僧	諸	生	智	16
声	諸	心	等	摩	般	夢	真	声	利	諸	心	17
多	利	法	智	是	界	受	羅	多	空	利	法	18
識	空	生	心	耀	阿	般	世	識	僧	空	生	19
真	僧	諸	法	想	有	界	香	真	声	僧	諸	20
羅	声	利	生	如	摩	阿	夢	羅	多	声	利	21
世	多	空	諸	等	是	有	受	世	識	多	空	22
香	識	僧	利	智	耀	摩	般	香	真	識	僧	23
夢	真	声	空	心	想	是	界	夢	羅	真	声	24
受	羅	多	僧	法	如	耀	阿	受	世	羅	多	25
般	世	識	声	生	等	想	有	般	香	世	識	26
界	香	真	多	諸	智	如	摩	界	夢	香	真	27
阿	夢	羅	識	利	心	等	是	阿	受	夢	羅	28
有	受	世	真	空	法	智	耀	有	般		世	29
摩	般	香	羅	僧	生	心	想	摩	界		香	30
是		夢		声	諸		如		阿		夢	31

1954年（昭和29年）

12月	11月	10月	9月	8月	7月	6月	5月	4月	3月	2月	1月	
生	等	耀	摩	受	羅	多	空	生	等	等	耀	1
諸	智	想	是	般	世	識	僧	諸	智	智	想	2
利	心	如	耀	界	香	真	僧	利	心	心	如	3
空	法	等	想	阿	夢	羅	声	空	法	心	等	4
僧	生	智	如	有	受	世	多	僧	生	法	等	5
声	諸	心	等	摩	般	香	識	声	諸	生	智	6
多	利	法	智	是	界	夢	真	多	利	諸	心	7
識	空	生	心	耀	阿	受	羅	識	空	利	法	8
真	僧	諸	法	想	有	般	世	真	僧	空	生	9
羅	声	利	生	如	摩	界	香	羅	声	僧	諸	10
世	多	空	諸	等	是	阿	夢	世	多	声	利	11
香	識	僧	利	智	耀	有	受	香	識	多	空	12
夢	真	声	空	心	想	摩	般	夢	真	識	僧	13
受	羅	多	僧	法	如	是	界	受	羅	真	声	14
般	世	識	声	生	等	耀	阿	般	世	羅	多	15
界	香	真	多	諸	智	想	有	界	香	世	識	16
阿	夢	羅	識	利	心	如	摩	阿	夢	香	真	17
有	受	世	真	空	法	等	是	有	受	夢	羅	18
摩	般	香	羅	僧	生	智	耀	摩	般	受	世	19
是	界	夢	世	声	諸	心	想	是	界	般	香	20
耀	阿	受	香	多	利	法	如	耀	阿	界	夢	21
想	有	般	夢	識	空	生	等	想	有	阿	受	22
如	摩	界	受	真	僧	諸	智	如	摩	有	般	23
等	是	阿	般	羅	声	利	心	等	是	摩	界	24
等	想	有	界	世	多	空	法	智	耀	是	阿	25
智	如	摩	阿	香	識	僧	生	心	想	耀	有	26
心	等	摩	阿	夢	真	声	諸	法	如	想	摩	27
法	智	是	有	般	羅	多	利	生	等	如	是	28
生	心	耀	摩	界	世	識	空	諸	智		耀	29
諸	法	想	是	阿	香	真	僧	利	心		想	30
利		如		有	夢		声		法		如	31

1955年（昭和30年）

12月	11月	10月	9月	8月	7月	6月	5月	4月	3月	2月	1月	
真	声	利	心	想	有	般	香	世	多	多	空	1
羅	多	空	法	如	摩	界	夢	香	識	識	僧	2
世	識	僧	生	等	是	阿	受	夢	真	真	声	3
香	真	声	諸	智	耀	有	般	受	羅	羅	多	4
夢	羅	多	利	心	想	摩	界	般	世	世	識	5
受	世	識	空	法	如	是	阿	界	香	香	真	6
般	香	真	僧	生	等	耀	有	阿	夢	夢	羅	7
界	夢	羅	声	諸	智	想	摩	有	受	受	世	8
阿	受	世	多	利	心	如	是	摩	般	般	香	9
有	般	香	識	空	法	等	耀	是	界	界	夢	10
摩	界	夢	真	僧	生	智	想	耀	阿	阿	受	11
是	阿	受	羅	声	諸	心	如	想	有	有	般	12
耀	有	般	世	多	利	法	等	如	摩	摩	界	13
想	摩	界	香	識	空	生	智	等	是	是	阿	14
如	是	阿	夢	真	僧	諸	心	智	耀	耀	有	15
等	耀	阿	般	羅	声	利	法	心	想	想	摩	16
智	想	有	界	世	多	空	生	法	如	如	是	17
心	如	摩	阿	香	識	僧	諸	生	等	等	耀	18
法	等	是	有	夢	真	声	利	諸	智	智	想	19
生	智	耀	摩	受	羅	多	空	利	心	心	如	20
諸	心	想	是	般	世	識	僧	空	法	法	等	21
利	法	如	耀	界	香	真	僧	利	生	生	智	22
空	生	等	想	阿	夢	羅	声	空	諸	生	心	23
僧	諸	智	如	有	受	世	多	僧	利	諸	心	24
声	利	心	等	摩	般	香	識	声	空	利	法	25
多	空	法	智	是	界	夢	真	多	僧	空	生	26
識	僧	生	心	耀	阿	受	羅	識	声	僧	諸	27
真	声	諸	法	想	有	般	世	真	多	声	利	28
羅	多	利	生	如	摩	界	香	羅	識		空	29
世	識	空	諸	等	是	阿	夢	世	真		僧	30
香		僧		智	耀		受		羅		声	31

1956年（昭和31年）

12月	11月	10月	9月	8月	7月	6月	5月	4月	3月	2月	1月	
是	有	受	世	声	諸	法	如	耀	阿	界	夢	1
想	摩	般	香	多	利	生	等	想	有	阿	受	2
如	摩	界	夢	識	空	諸	智	如	摩	有	般	3
等	是	阿	受	真	僧	利	心	等	是	摩	界	4
智	耀	有	般	羅	声	空	法	智	耀	是	阿	5
心	想	摩	界	香	多	僧	生	心	想	耀	有	6
法	如	是	阿	夢	識	声	諸	法	如	想	摩	7
生	等	耀	有	受	真	多	利	生	等	如	是	8
諸	智	想	摩	般	羅	多	空	諸	智	等	耀	9
利	心	如	是	界	世	識	僧	利	心	智	想	10
空	法	等	耀	阿	香	真	声	利	法	心	如	11
僧	生	智	想	有	夢	羅	多	空	生	心	等	12
声	諸	心	如	摩	受	世	識	僧	諸	法	等	13
多	利	法	等	是	般	香	真	声	利	生	智	14
識	空	生	智	耀	界	夢	羅	多	空	諸	心	15
真	僧	諸	心	想	阿	受	世	識	僧	利	法	16
羅	声	利	法	如	有	般	香	真	声	空	生	17
世	多	空	生	等	摩	界	夢	羅	多	僧	諸	18
香	識	僧	諸	智	是	阿	受	世	識	声	利	19
夢	真	声	利	心	耀	有	般	香	真	多	空	20
受	羅	多	空	法	想	摩	界	夢	羅	識	僧	21
般	世	識	僧	生	如	是	阿	受	世	真	声	22
界	香	真	声	諸	等	耀	有	般	香	羅	多	23
阿	夢	羅	多	利	智	想	摩	界	夢	世	識	24
有	受	世	識	空	心	如	是	阿	受	香	真	25
摩	般	香	真	僧	法	等	耀	有	般	夢	羅	26
是	界	夢	羅	声	生	智	想	摩	界	受	世	27
耀	阿	受	世	多	諸	心	如	是	阿	般	香	28
想	有	般	香	識	利	法	等	耀	有	界	夢	29
如	摩	界	夢	真	空	生	智	想	摩		受	30
等		阿		羅	僧		心		是		般	31

1957年（昭和32年）

12月	11月	10月	9月	8月	7月	6月	5月	4月	3月	2月	1月	
生	心	想	想	阿	香	羅	声	空	生	法	等	1
諸	法	如	如	有	夢	世	多	僧	生	生	智	2
利	生	等	等	摩	受	夢	識	声	諸	諸	心	3
空	諸	智	智	是	般	受	真	多	利	利	法	4
僧	利	心	心	耀	界	般	羅	識	空	空	生	5
声	空	法	法	想	阿	界	世	真	僧	僧	諸	6
多	僧	生	生	如	有	有	香	羅	声	声	利	7
識	声	諸	諸	等	摩	香	夢	世	多	多	空	8
真	多	利	利	智	是	夢	受	香	識	識	僧	9
羅	識	空	空	心	耀	摩	般	夢	真	真	声	10
世	真	僧	僧	法	想	是	界	受	羅	羅	多	11
香	羅	声	声	生	如	耀	阿	般	世	世	識	12
夢	世	多	多	諸	等	想	有	界	香	香	真	13
受	香	識	識	利	智	如	摩	阿	夢	夢	羅	14
般	夢	真	真	空	心	等	是	有	受	受	世	15
界	受	羅	羅	僧	法	智	耀	摩	般	般	香	16
阿	般	世	世	声	生	心	想	是	界	界	夢	17
有	界	香	香	多	諸	法	如	耀	阿	阿	受	18
摩	阿	夢	夢	識	利	生	等	想	有	有	般	19
是	有	受	受	真	空	諸	智	如	摩	摩	界	20
想	摩	般	般	羅	僧	利	心	等	是	是	阿	21
如	摩	界	界	世	声	空	法	智	耀	耀	有	22
等	是	阿	阿	香	多	僧	生	心	想	想	摩	23
智	耀	有	般	夢	識	声	諸	法	如	如	是	24
心	想	摩	界	般	真	多	利	生	等	等	耀	25
法	如	是	阿	界	羅	識	空	諸	智	智	想	26
生	等	耀	有	阿	香	真	僧	利	心	心	如	27
諸	智	想	摩	有	夢	真	声	空	法	法	等	28
利	心	如	是	摩	受	羅	多	僧	生		智	29
空	法	等	耀	是	般	世	識	僧	諸		心	30
僧		智		耀	界		真		利		心	31

1959年（昭和34年）

12月	11月	10月	9月	8月	7月	6月	5月	4月	3月	2月	1月	
如	摩	界	夢	識	僧	諸	心	等	是	是	界	1
等	是	阿	受	真	声	利	法	智	耀	耀	阿	2
智	耀	有	般	羅	多	空	生	心	想	想	有	3
心	想	摩	界	香	識	僧	諸	法	如	如	摩	4
法	如	是	阿	夢	真	声	利	生	等	等	是	5
生	等	耀	有	受	真	多	空	諸	智	智	耀	6
諸	智	想	摩	般	羅	識	僧	利	心	心	想	7
利	心	如	是	界	世	真	僧	利	法	心	如	8
空	法	等	耀	阿	香	羅	声	空	生	法	等	9
僧	生	智	想	有	夢	世	多	僧	諸	生	智	10
声	諸	心	如	摩	受	香	識	声	利	諸	心	11
多	利	法	等	是	般	夢	真	多	空	利	法	12
識	空	生	智	耀	界	受	羅	識	僧	空	生	13
真	僧	諸	心	想	阿	般	世	真	声	僧	諸	14
羅	声	利	法	如	有	界	香	羅	多	声	利	15
世	多	空	生	等	摩	阿	夢	世	識	多	空	16
香	識	僧	諸	智	是	有	受	香	真	識	僧	17
夢	真	声	利	心	耀	摩	般	夢	羅	真	声	18
受	羅	多	空	法	想	是	界	受	世	羅	多	19
般	世	識	僧	生	如	耀	阿	般	香	世	識	20
界	香	真	声	諸	等	想	有	界	夢	香	真	21
阿	夢	羅	多	利	智	如	摩	阿	受	夢	羅	22
有	受	世	識	空	心	等	是	有	般	受	世	23
摩	般	香	真	僧	法	智	耀	摩	界	般	香	24
是	界	夢	羅	声	生	心	想	是	阿	界	夢	25
耀	阿	受	世	多	諸	法	如	耀	有	阿	受	26
想	有	般	香	識	利	生	等	想	摩	有	般	27
如	摩	界	夢	真	空	諸	智	如	是	摩	界	28
等	是	阿	受	羅	僧	利	心	等	耀		阿	29
等	想	有	般	世	声	空	法	智	想		有	30
智		摩		香	多		生		如		摩	31

1958年（昭和33年）

12月	11月	10月	9月	8月	7月	6月	5月	4月	3月	2月	1月	
香	真	声	諸	等	耀	有	般	夢	真	真	声	1
夢	羅	多	利	智	想	摩	界	受	羅	羅	多	2
受	世	識	空	心	如	是	阿	般	世	世	識	3
般	香	真	僧	法	等	耀	有	界	香	香	真	4
界	夢	羅	声	生	智	想	摩	阿	夢	夢	羅	5
阿	受	世	多	諸	心	如	是	有	受	受	世	6
有	般	香	識	利	法	等	耀	摩	般	般	香	7
摩	界	夢	真	空	生	智	想	是	界	界	夢	8
是	阿	受	羅	僧	諸	心	如	耀	阿	阿	受	9
耀	有	般	世	声	利	法	等	想	有	有	般	10
想	摩	界	香	多	空	生	智	如	摩	摩	界	11
如	是	阿	夢	識	僧	諸	心	等	是	是	阿	12
等	耀	阿	般	真	声	利	法	智	耀	耀	有	13
智	想	有	界	羅	多	空	生	心	想	想	摩	14
心	如	摩	阿	香	識	僧	諸	法	如	如	是	15
法	等	是	有	夢	真	声	利	生	等	等	耀	16
生	智	耀	摩	受	真	多	空	諸	智	智	想	17
諸	心	想	是	般	羅	識	僧	利	心	心	如	18
利	法	如	耀	界	世	真	僧	利	法	心	等	19
空	生	等	想	阿	香	羅	声	空	生	法	等	20
僧	諸	智	如	有	夢	世	多	僧	諸	生	智	21
声	利	心	等	摩	受	香	識	声	利	諸	心	22
多	空	法	智	是	般	夢	真	多	空	利	法	23
識	僧	生	心	耀	界	受	羅	識	僧	空	生	24
真	声	諸	法	想	阿	般	世	真	声	僧	諸	25
羅	多	利	生	如	有	界	香	羅	多	声	利	26
世	識	空	諸	等	摩	阿	夢	世	識	多	空	27
香	真	僧	利	智	是	有	受	香	真	識	僧	28
夢	羅	声	空	心	耀	摩	般	夢	羅		声	29
受	世	多	僧	法	想	是	界	受	世		多	30
般		識		生	如		阿		香		識	31

1960年（昭和35年）

12月	11月	10月	9月	8月	7月	6月	5月	4月	3月	2月	1月	
空	諸	智	想	阿	界	受	羅	識	空	利	心	1
僧	利	心	如	有	阿	般	世	真	僧	空	法	2
声	空	法	等	摩	有	界	香	羅	声	僧	生	3
多	僧	生	智	是	摩	阿	夢	世	多	声	諸	4
識	声	諸	心	耀	是	有	受	香	識	多	利	5
真	多	利	法	想	耀	摩	般	夢	真	識	空	6
羅	識	空	生	如	想	是	界	受	羅	真	僧	7
世	真	僧	諸	等	如	耀	阿	般	世	羅	声	8
香	羅	声	利	智	等	想	有	界	香	世	多	9
夢	世	多	空	心	智	如	摩	阿	夢	香	識	10
受	香	識	僧	法	心	等	是	有	受	夢	真	11
般	夢	真	声	生	法	智	耀	摩	般	受	羅	12
界	受	羅	多	諸	生	心	想	是	界	般	世	13
阿	般	世	識	利	諸	法	如	耀	阿	界	香	14
有	界	香	真	空	利	生	等	想	有	阿	夢	15
摩	阿	夢	羅	僧	空	諸	智	如	摩	有	受	16
是	有	受	世	声	僧	利	心	等	是	摩	般	17
想	摩	般	香	多	声	空	法	智	耀	是	界	18
如	摩	界	夢	識	多	僧	生	心	想	耀	阿	19
等	是	阿	受	真	識	声	諸	法	如	想	有	20
智	耀	有	般	羅	真	多	利	生	等	如	摩	21
心	想	摩	界	香	羅	識	空	諸	智	等	是	22
法	如	是	阿	夢	世	真	僧	利	心	智	耀	23
生	等	耀	有	受	真	真	声	空	法	心	想	24
諸	智	想	摩	般	羅	羅	多	僧	生	法	如	25
利	心	如	是	界	世	世	識	僧	諸	生	等	26
空	法	等	耀	阿	香	香	真	声	利	生	智	27
僧	生	智	想	有	夢	夢	羅	多	空	諸	心	28
声	諸	心	如	摩	受	受	世	識	僧	利	法	29
多	利	法	等	是	般	般	香	真	声		生	30
識		生		耀	界		夢		多		諸	31

1961年（昭和36年）

12月	11月	10月	9月	8月	7月	6月	5月	4月	3月	2月	1月	
般	香	真	声	生	智	想	摩	界	夢	香	真	1
界	夢	羅	多	諸	心	如	是	阿	受	夢	羅	2
阿	受	世	識	利	法	等	耀	有	般	受	世	3
有	般	香	真	空	生	智	想	摩	界	般	香	4
摩	界	夢	羅	僧	諸	心	如	是	阿	界	夢	5
是	阿	受	世	声	利	法	等	耀	有	阿	受	6
耀	有	般	香	多	空	生	智	想	摩	有	般	7
想	摩	界	夢	識	僧	諸	心	如	是	摩	界	8
如	是	阿	受	真	声	利	法	等	耀	是	阿	9
等	耀	阿	般	羅	多	空	生	智	想	耀	有	10
智	想	有	界	香	識	僧	諸	心	如	想	摩	11
心	如	摩	阿	夢	真	声	利	法	等	如	是	12
法	等	是	有	受	真	多	空	生	智	等	耀	13
生	智	耀	摩	般	羅	識	僧	諸	心	智	想	14
諸	心	想	是	界	世	真	僧	利	法	心	如	15
利	法	如	耀	阿	香	羅	声	空	生	法	等	16
空	生	等	想	有	夢	世	多	僧	生	生	等	17
僧	諸	智	如	摩	受	香	識	声	諸	諸	智	18
声	利	心	等	是	般	夢	真	多	利	利	心	19
多	空	法	智	耀	界	受	羅	識	空	空	法	20
識	僧	生	心	想	阿	般	世	真	僧	僧	生	21
真	声	諸	法	如	有	界	香	羅	声	声	諸	22
羅	多	利	生	等	摩	阿	夢	世	多	多	利	23
世	識	空	諸	智	是	有	受	香	識	識	空	24
香	真	僧	利	心	耀	摩	般	夢	真	真	僧	25
夢	羅	声	空	法	想	是	界	受	羅	羅	声	26
受	世	多	僧	生	如	耀	阿	般	世	世	多	27
般	香	識	声	諸	等	想	有	界	香	香	識	28
界	夢	真	多	利	智	如	摩	阿	夢		真	29
阿	受	羅	識	空	心	等	是	有	受		羅	30
有		世		僧	法		耀		般		世	31

1963年（昭和38年）

12月	11月	10月	9月	8月	7月	6月	5月	4月	3月	2月	1月	
多	僧	生	智	是	阿	受	香	羅	声	声	諸	1
識	声	諸	心	耀	有	般	夢	世	多	多	利	2
真	多	利	法	想	摩	界	受	香	識	識	空	3
羅	識	空	生	如	是	阿	般	夢	真	真	僧	4
世	真	僧	諸	等	耀	有	界	受	羅	羅	声	5
香	羅	声	利	智	想	摩	阿	般	世	世	多	6
夢	世	多	空	心	如	是	有	界	香	香	識	7
受	香	識	僧	法	等	耀	摩	阿	夢	夢	真	8
般	夢	真	声	生	智	想	是	有	受	受	羅	9
界	受	羅	多	諸	心	如	耀	摩	般	般	世	10
阿	般	世	識	利	法	等	想	是	界	界	香	11
有	界	香	真	空	生	智	如	耀	阿	阿	夢	12
摩	阿	夢	羅	僧	諸	心	等	想	有	有	受	13
是	有	受	世	声	利	法	智	如	摩	摩	般	14
耀	摩	般	香	多	空	生	心	等	是	是	界	15
想	摩	界	夢	識	僧	諸	法	智	耀	耀	阿	16
如	是	阿	受	真	声	利	生	心	想	想	有	17
等	耀	有	般	羅	多	空	諸	法	如	如	摩	18
智	想	摩	界	香	識	僧	利	生	等	等	是	19
心	如	是	阿	夢	真	声	空	諸	智	智	耀	20
法	等	耀	有	受	真	多	僧	利	心	心	想	21
生	智	想	摩	般	羅	識	声	空	法	法	如	22
諸	心	如	是	界	世	真	僧	僧	生	生	等	23
利	法	等	耀	阿	香	羅	声	僧	諸	生	智	24
空	生	智	想	有	夢	世	多	声	利	諸	心	25
僧	諸	心	如	摩	受	香	識	多	空	利	法	26
声	利	法	等	是	般	夢	真	識	僧	空	生	27
多	空	生	智	耀	界	受	羅	真	声	僧	諸	28
識	僧	諸	心	想	阿	般	世	羅	多		利	29
真	声	利	法	如	有	界	香	世	識		空	30
羅		空		等	摩		夢		真		僧	31

1962年（昭和37年）

12月	11月	10月	9月	8月	7月	6月	5月	4月	3月	2月	1月	
心	如	摩	阿	夢	真	声	諸	法	如	如	摩	1
法	等	是	有	受	真	多	利	生	等	等	是	2
生	智	耀	摩	般	羅	識	空	諸	智	智	耀	3
諸	心	想	是	界	世	真	僧	利	心	心	想	4
利	法	如	耀	阿	香	羅	声	利	法	心	如	5
空	生	等	想	有	夢	世	多	空	生	法	等	6
僧	諸	智	如	摩	受	香	識	僧	諸	生	智	7
声	利	心	等	是	般	夢	真	声	利	諸	心	8
多	空	法	智	耀	界	受	羅	多	空	利	法	9
識	僧	生	心	想	阿	般	世	識	僧	空	生	10
真	声	諸	法	如	有	界	香	真	声	僧	諸	11
羅	多	利	生	等	摩	阿	夢	羅	多	声	利	12
世	識	空	諸	智	是	有	受	世	識	多	空	13
香	真	僧	利	心	耀	摩	般	香	真	識	僧	14
夢	羅	声	空	法	想	是	界	夢	羅	真	声	15
受	世	多	僧	生	如	耀	阿	受	世	羅	多	16
般	香	識	声	諸	等	想	有	般	香	世	識	17
界	夢	真	多	利	智	如	摩	界	夢	香	真	18
阿	受	羅	識	空	心	等	是	阿	受	夢	羅	19
有	般	世	真	僧	法	智	耀	有	般	受	世	20
摩	界	香	羅	声	生	心	想	摩	界	般	香	21
是	阿	夢	世	多	諸	法	如	是	阿	界	夢	22
耀	有	受	香	識	利	生	等	耀	有	阿	受	23
想	摩	般	夢	真	空	諸	智	想	摩	有	般	24
如	是	界	受	羅	僧	利	心	如	是	摩	界	25
等	耀	阿	般	世	声	空	法	等	耀	是	阿	26
等	想	有	界	香	多	僧	生	智	想	耀	有	27
智	如	摩	阿	夢	識	声	諸	心	如	想	摩	28
心	等	是	阿	受	真	多	利	法	等		是	29
法	智	耀	有	般	羅	識	空	生	智		耀	30
生		想		界	香		僧		心		想	31

1964年（昭和39年）

12月	11月	10月	9月	8月	7月	6月	5月	4月	3月	2月	1月	
摩	界	夢	真	僧	生	智	想	摩	界	受	世	1
是	阿	受	羅	声	諸	心	如	是	阿	般	香	2
耀	有	般	世	多	利	法	等	耀	有	界	夢	3
想	摩	界	香	識	空	生	智	想	摩	阿	受	4
如	是	阿	夢	真	僧	諸	心	如	是	有	般	5
等	耀	阿	般	羅	声	利	法	等	耀	摩	界	6
智	想	有	界	世	多	空	生	智	想	是	阿	7
心	如	摩	阿	香	識	僧	諸	心	如	耀	有	8
法	等	是	有	夢	真	声	利	法	等	想	摩	9
生	智	耀	摩	受	羅	多	空	生	智	如	是	10
諸	心	想	是	般	世	識	僧	諸	心	等	耀	11
利	法	如	耀	界	香	真	僧	利	法	智	想	12
空	生	等	想	阿	夢	羅	声	空	生	心	如	13
僧	諸	智	如	有	受	世	多	僧	生	法	等	14
声	利	心	等	摩	般	香	識	声	諸	生	等	15
多	空	法	智	是	界	夢	真	多	利	諸	智	16
識	僧	生	心	耀	阿	受	羅	識	空	利	心	17
真	声	諸	法	想	有	般	世	真	僧	空	法	18
羅	多	利	生	如	摩	界	香	羅	声	僧	生	19
世	識	空	諸	等	是	阿	夢	世	多	声	諸	20
香	真	僧	利	智	耀	有	受	香	識	多	利	21
夢	羅	声	空	心	想	摩	般	夢	真	識	空	22
受	世	多	僧	法	如	是	界	受	羅	真	僧	23
般	香	識	声	生	等	耀	阿	般	世	羅	声	24
界	夢	真	多	諸	智	想	有	界	香	世	多	25
阿	受	羅	識	利	心	如	摩	阿	夢	香	識	26
有	般	世	真	空	法	等	是	有	受	夢	真	27
摩	界	香	羅	僧	生	智	耀	摩	般	受	羅	28
是	阿	夢	世	声	諸	心	想	是	界	般	世	29
耀	有	受	香	多	利	法	如	耀	阿		香	30
想		般		識	空		等		有		夢	31

1965年（昭和40年）

12月	11月	10月	9月	8月	7月	6月	5月	4月	3月	2月	1月	
利	法	如	是	界	世	識	僧	利	心	心	如	1
空	生	等	耀	阿	香	真	声	利	法	心	等	2
僧	諸	智	想	有	夢	羅	多	空	生	法	等	3
声	利	心	如	摩	受	世	識	僧	諸	生	智	4
多	空	法	等	是	般	香	真	声	利	諸	心	5
識	僧	生	智	耀	界	夢	羅	多	空	利	法	6
真	声	諸	心	想	阿	受	世	識	僧	空	生	7
羅	多	利	法	如	有	般	香	真	声	僧	諸	8
世	識	空	生	等	摩	界	夢	羅	多	声	利	9
香	真	僧	諸	智	是	阿	受	世	識	多	空	10
夢	羅	声	利	心	耀	有	般	香	真	識	僧	11
受	世	多	空	法	想	摩	界	夢	羅	真	声	12
般	香	識	僧	生	如	是	阿	受	世	羅	多	13
界	夢	真	声	諸	等	耀	有	般	香	世	識	14
阿	受	羅	多	利	智	想	摩	界	夢	香	真	15
有	般	世	識	空	心	如	是	阿	受	夢	羅	16
摩	界	香	真	僧	法	等	耀	有	般	受	世	17
是	阿	夢	羅	声	生	智	想	摩	界	般	香	18
耀	有	受	世	多	諸	心	如	是	阿	界	夢	19
想	摩	般	香	識	利	法	等	耀	有	阿	受	20
如	是	界	夢	真	空	生	智	想	摩	有	般	21
等	耀	阿	受	羅	僧	諸	心	如	是	摩	界	22
等	想	有	般	世	声	利	法	等	耀	是	阿	23
智	如	摩	界	香	多	空	生	智	想	耀	有	24
心	等	是	阿	夢	識	僧	諸	心	如	想	摩	25
法	智	耀	有	受	真	声	利	法	等	如	是	26
生	心	想	摩	般	羅	多	空	生	智	等	耀	27
諸	法	如	是	界	香	識	僧	諸	心	智	想	28
利	生	等	耀	阿	夢	真	声	利	法		如	29
空	諸	智	想	有	受	羅	多	空	生		等	30
僧		心		摩	般		多		諸		智	31

1967年（昭和42年）

12月	11月	10月	9月	8月	7月	6月	5月	4月	3月	2月	1月	
耀	有	般	世	声	利	生	等	想	摩	有	般	1
想	摩	界	香	多	空	諸	智	如	是	摩	界	2
如	是	阿	夢	識	僧	利	心	等	耀	是	阿	3
等	耀	阿	般	真	声	空	法	智	想	耀	有	4
智	想	有	界	羅	多	僧	生	心	如	想	摩	5
心	如	摩	阿	香	識	声	諸	法	等	如	是	6
法	等	是	有	夢	真	多	利	生	智	等	耀	7
生	智	耀	摩	受	真	多	空	諸	心	智	想	8
諸	心	想	是	般	羅	識	僧	利	法	心	如	9
利	法	如	耀	界	世	真	声	利	生	法	等	10
空	生	等	想	阿	香	羅	多	空	生	生	等	11
僧	諸	智	如	有	夢	世	識	僧	諸	諸	智	12
声	利	心	等	摩	受	香	真	声	利	利	心	13
多	空	法	智	是	般	夢	羅	多	空	空	法	14
識	僧	生	心	耀	界	受	世	識	僧	僧	生	15
真	声	諸	法	想	阿	般	香	真	声	声	諸	16
羅	多	利	生	如	有	界	夢	羅	多	多	利	17
世	識	空	諸	等	摩	阿	受	世	識	識	空	18
香	真	僧	利	智	是	有	般	香	真	真	僧	19
夢	羅	声	空	心	耀	摩	界	夢	羅	羅	声	20
受	世	多	僧	法	想	是	阿	受	世	世	多	21
般	香	識	声	生	如	耀	有	般	香	香	識	22
界	夢	真	多	諸	等	想	摩	界	夢	夢	真	23
阿	受	羅	識	利	智	如	是	阿	受	受	羅	24
有	般	世	真	空	心	等	耀	有	般	般	世	25
摩	界	香	羅	僧	法	智	想	摩	界	界	香	26
是	阿	夢	世	声	生	心	如	是	阿	阿	夢	27
耀	有	受	香	多	諸	法	等	耀	有	有	受	28
想	摩	般	夢	識	利	生	智	想	摩		般	29
如	是	界	受	真	空	諸	心	如	是		界	30
等		阿		羅	僧		法		耀		阿	31

1966年（昭和41年）

12月	11月	10月	9月	8月	7月	6月	5月	4月	3月	2月	1月	
世	識	空	生	如	摩	阿	夢	夢	羅	真	声	1
香	真	僧	諸	等	是	有	受	受	世	羅	多	2
夢	羅	声	利	智	耀	摩	般	般	香	世	識	3
受	世	多	空	心	想	是	界	界	夢	香	真	4
般	香	識	僧	法	如	耀	阿	阿	受	夢	羅	5
界	夢	真	声	生	等	想	有	有	般	受	世	6
阿	受	羅	多	諸	智	如	摩	摩	界	般	香	7
有	般	世	識	利	心	等	是	是	阿	界	夢	8
摩	界	香	真	空	法	智	耀	耀	有	阿	受	9
是	阿	夢	羅	僧	生	心	想	想	摩	有	般	10
耀	有	受	世	声	諸	法	如	如	是	摩	界	11
想	摩	般	香	多	利	生	等	等	耀	是	阿	12
如	是	界	夢	識	空	諸	智	智	想	耀	有	13
等	耀	阿	受	真	僧	利	心	心	如	想	摩	14
智	想	有	般	羅	声	空	法	法	等	如	是	15
心	如	摩	界	香	多	僧	生	生	智	等	耀	16
法	等	是	阿	夢	識	声	諸	諸	心	智	想	17
生	智	耀	有	受	真	多	利	利	法	心	如	18
諸	心	想	摩	般	羅	多	空	空	生	法	等	19
利	法	如	是	界	世	識	僧	僧	諸	生	智	20
空	生	等	耀	阿	香	真	声	利	利	諸	心	21
僧	諸	智	想	有	夢	羅	多	空	利	利	心	22
声	利	心	如	摩	受	世	識	僧	空	空	法	23
多	空	法	等	是	般	香	真	声	僧	僧	生	24
識	僧	生	智	耀	界	夢	羅	多	声	声	諸	25
真	声	諸	心	想	阿	受	世	識	多	多	利	26
羅	多	利	法	如	有	般	香	真	識	識	空	27
世	識	空	生	等	摩	界	夢	羅	真	真	僧	28
香	真	僧	諸	智	是	阿	受	世	羅		声	29
夢	羅	声	利	心	耀	有	般	香	世		多	30
受		多		法	想		界		香		識	31

1968年（昭和43年）

12月	11月	10月	9月	8月	7月	6月	5月	4月	3月	2月	1月	
利	法	等	是	摩	受	香	識	声	利	生	智	1
空	生	智	耀	是	般	夢	真	多	空	諸	心	2
僧	諸	心	想	耀	界	受	羅	識	僧	利	法	3
声	利	法	如	想	阿	般	世	真	声	空	生	4
多	空	生	等	如	有	界	香	羅	多	僧	諸	5
識	僧	諸	智	等	摩	阿	夢	世	識	声	利	6
真	声	利	心	智	是	有	受	香	真	多	空	7
羅	多	空	法	心	耀	摩	般	夢	羅	識	僧	8
世	識	僧	生	法	想	是	界	受	世	真	声	9
香	真	声	諸	生	如	耀	阿	般	香	羅	多	10
夢	羅	多	利	諸	等	想	有	界	夢	世	識	11
受	世	識	空	利	智	如	摩	阿	受	香	真	12
般	香	真	僧	空	心	等	是	有	般	夢	羅	13
界	夢	羅	声	僧	法	智	耀	摩	界	受	世	14
阿	受	世	多	声	生	心	想	是	阿	般	香	15
有	般	香	識	多	諸	法	如	耀	有	界	夢	16
摩	界	夢	真	識	利	生	等	想	摩	阿	受	17
是	阿	受	羅	真	空	諸	智	如	是	有	般	18
耀	有	般	世	羅	僧	利	心	等	耀	摩	界	19
想	摩	界	香	世	声	空	法	智	想	是	阿	20
如	是	阿	夢	香	多	僧	生	心	如	耀	有	21
等	耀	阿	般	夢	識	声	諸	法	等	想	摩	22
智	想	有	界	受	真	多	利	生	智	如	是	23
心	如	摩	阿	香	羅	識	空	諸	心	等	耀	24
法	等	是	有	夢	香	真	僧	利	法	智	想	25
生	智	耀	摩	受	夢	真	声	空	生	心	如	26
諸	心	想	是	般	受	羅	多	僧	諸	法	等	27
利	法	如	耀	界	般	世	識	僧	利	生	智	28
空	生	等	想	阿	界	香	真	声	利	諸	心	29
僧	諸	智	如	有	阿	夢	羅	多	空		心	30
声		心		摩	有		世		僧		法	31

1969年（昭和44年）

12月	11月	10月	9月	8月	7月	6月	5月	4月	3月	2月	1月	
夢	世	多	空	法	如	耀	阿	般	世	世	多	1
受	香	識	僧	生	等	想	有	界	香	香	識	2
般	夢	真	声	諸	智	如	摩	阿	夢	夢	真	3
界	受	羅	多	利	心	等	是	有	受	受	羅	4
阿	般	世	識	空	法	智	耀	摩	般	般	世	5
有	界	香	真	僧	生	心	想	是	界	界	香	6
摩	阿	夢	羅	声	諸	法	如	耀	阿	阿	夢	7
是	有	受	世	多	利	生	等	想	有	有	受	8
想	摩	般	香	識	空	諸	智	如	摩	摩	般	9
如	摩	界	夢	真	僧	利	心	等	是	是	界	10
等	是	阿	受	羅	声	空	法	智	耀	耀	阿	11
智	耀	有	般	世	多	僧	生	心	想	想	有	12
心	想	摩	界	香	識	声	諸	法	如	如	摩	13
法	如	是	阿	夢	真	多	利	生	等	等	是	14
生	等	耀	有	受	羅	多	空	諸	智	智	耀	15
諸	智	想	摩	般	世	識	僧	利	心	心	想	16
利	心	如	是	界	香	真	声	利	法	心	如	17
空	法	等	耀	阿	夢	羅	多	空	生	法	等	18
僧	生	智	想	有	受	世	識	僧	諸	生	智	19
声	諸	心	如	摩	般	香	真	声	利	諸	心	20
多	利	法	等	是	界	夢	羅	多	空	利	法	21
識	空	生	智	耀	阿	受	世	識	僧	空	生	22
真	僧	諸	心	想	有	般	香	真	声	僧	諸	23
羅	声	利	法	如	摩	界	夢	羅	多	声	利	24
世	多	空	生	等	是	阿	受	世	識	多	空	25
香	識	僧	諸	智	耀	有	般	香	真	識	僧	26
夢	真	声	利	心	想	摩	界	夢	羅	真	声	27
受	羅	多	空	法	如	是	阿	受	世	羅	多	28
般	世	識	僧	生	等	耀	有	般	香		識	29
界	香	真	声	諸	智	想	摩	界	夢		真	30
阿		羅		利	心		是		受		羅	31

1970年（昭和45年）

12月	11月	10月	9月	8月	7月	6月	5月	4月	3月	2月	1月	
等	耀	有	般	羅	多	僧	生	智	想	耀	有	1
智	想	摩	界	香	識	声	諸	心	如	想	摩	2
心	如	是	阿	夢	真	多	利	法	等	如	是	3
法	等	耀	有	受	真	多	空	生	智	等	耀	4
生	智	想	摩	般	羅	識	僧	諸	心	智	想	5
諸	心	如	是	界	世	真	声	利	法	心	如	6
利	法	等	耀	阿	香	羅	多	空	生	法	等	7
空	生	智	想	有	夢	世	識	僧	生	生	等	8
僧	諸	心	如	摩	受	香	真	声	諸	諸	智	9
声	利	法	等	是	般	夢	羅	多	利	利	心	10
多	空	生	智	耀	界	受	世	識	空	空	法	11
識	僧	諸	心	想	阿	般	香	真	僧	僧	生	12
真	声	利	法	如	有	界	夢	羅	声	声	諸	13
羅	多	空	生	等	摩	阿	受	世	多	多	利	14
世	識	僧	諸	智	是	有	般	香	識	識	空	15
香	真	声	利	心	耀	摩	界	夢	真	真	僧	16
夢	羅	多	空	法	想	是	阿	受	羅	羅	声	17
受	世	識	僧	生	如	耀	有	般	世	世	多	18
般	香	真	声	諸	等	想	摩	界	香	香	識	19
界	夢	羅	多	利	智	如	是	阿	夢	夢	真	20
阿	受	世	識	空	心	等	耀	有	受	受	羅	21
有	般	香	真	僧	法	智	想	摩	般	般	世	22
摩	界	夢	羅	声	生	心	如	是	界	界	香	23
是	阿	受	世	多	諸	法	等	耀	阿	阿	夢	24
耀	有	般	香	識	利	生	智	想	有	有	受	25
想	摩	界	夢	真	空	諸	心	如	摩	摩	般	26
如	是	阿	受	羅	僧	利	法	等	是	是	界	27
等	耀	有	般	世	声	空	生	智	耀	耀	阿	28
智	想	摩	界	香	多	僧	諸	心	想		有	29
心	如	摩	阿	夢	識	声	利	法	如		摩	30
法		是		受	真		空		等		是	31

1971年（昭和46年）

12月	11月	10月	9月	8月	7月	6月	5月	4月	3月	2月	1月	
僧	利	法	如	摩	般	般	世	識	僧	空	生	1
声	空	生	等	是	界	界	香	真	声	僧	諸	2
多	僧	諸	智	耀	阿	阿	夢	羅	多	声	利	3
識	声	利	心	想	有	有	受	世	識	多	空	4
真	多	空	法	如	摩	摩	般	香	真	識	僧	5
羅	識	僧	生	等	是	是	界	夢	羅	真	声	6
世	真	声	諸	智	耀	耀	阿	受	世	羅	多	7
香	羅	多	利	心	想	想	有	般	香	世	識	8
夢	世	識	空	法	如	如	摩	界	夢	香	真	9
受	香	真	僧	生	等	等	是	阿	受	夢	羅	10
般	夢	羅	声	諸	智	智	耀	有	般	受	世	11
界	受	世	多	利	心	心	想	摩	界	般	香	12
阿	般	香	識	空	法	法	如	是	阿	界	夢	13
有	界	夢	真	僧	生	生	等	耀	有	阿	受	14
摩	阿	受	羅	声	諸	諸	智	想	摩	有	般	15
是	有	般	世	多	利	利	心	如	是	摩	界	16
耀	摩	界	香	識	空	空	法	等	耀	是	阿	17
想	摩	阿	夢	真	僧	僧	生	智	想	耀	有	18
如	是	阿	般	羅	声	声	諸	心	如	想	摩	19
等	耀	有	界	世	多	多	利	法	等	如	是	20
智	想	摩	阿	香	識	識	空	生	智	等	耀	21
心	如	是	有	夢	真	真	僧	諸	心	智	想	22
法	等	耀	摩	受	羅	多	声	利	法	心	如	23
生	智	想	是	般	世	識	多	空	生	法	等	24
諸	心	如	耀	界	香	真	識	僧	諸	生	智	25
利	法	等	想	阿	夢	羅	真	声	利	諸	心	26
空	生	智	如	有	受	世	羅	多	利	利	心	27
僧	諸	心	等	摩	般	香	世	識	空	空	法	28
声	利	法	智	是	界	夢	香	真	僧		生	29
多	空	生	心	耀	阿	受	夢	羅	声		諸	30
識		諸		想	有		受		多		利	31

1972年（昭和47年）

12月	11月	10月	9月	8月	7月	6月	5月	4月	3月	2月	1月	
阿	般	世	識	利	法	等	是	有	受	夢	真	1
有	界	香	真	空	生	智	耀	摩	般	受	羅	2
摩	阿	夢	羅	僧	諸	心	想	是	界	般	世	3
是	有	受	世	声	利	法	如	耀	阿	界	香	4
耀	摩	般	香	多	空	生	等	想	有	阿	夢	5
想	摩	界	夢	識	僧	諸	智	如	摩	有	受	6
如	是	阿	受	真	声	利	心	等	是	摩	般	7
等	耀	有	般	羅	多	空	法	智	耀	是	界	8
智	想	摩	界	香	識	僧	生	心	想	耀	阿	9
心	如	是	阿	夢	真	声	諸	法	如	想	有	10
法	等	耀	有	受	真	多	利	生	等	如	摩	11
生	智	想	摩	般	羅	識	空	諸	智	等	是	12
諸	心	如	是	界	世	真	僧	利	心	智	耀	13
利	法	等	耀	阿	香	羅	声	利	法	心	想	14
空	生	智	想	有	夢	世	多	空	生	心	如	15
僧	諸	心	如	摩	受	香	識	僧	諸	法	等	16
声	利	法	等	是	般	夢	真	声	利	生	智	17
多	空	生	智	耀	界	受	羅	多	空	諸	心	18
識	僧	諸	心	想	阿	般	世	識	僧	利	法	19
真	声	利	法	如	有	界	香	真	声	空	生	20
羅	多	空	生	等	摩	阿	夢	羅	多	僧	諸	21
世	識	僧	諸	智	是	有	受	世	識	声	利	22
香	真	声	利	心	耀	摩	般	香	真	多	空	23
夢	羅	多	空	法	想	是	界	夢	羅	識	僧	24
受	世	識	僧	生	如	耀	阿	受	世	真	声	25
般	香	真	声	諸	等	想	有	般	香	羅	多	26
界	夢	羅	多	利	智	如	摩	界	夢	世	識	27
阿	受	世	識	空	心	等	是	阿	受	香	真	28
有	般	香	真	僧	法	智	耀	有	般	夢	羅	29
摩	界	夢	羅	声	生	心	想	摩	界		世	30
是		受		多	諸		如		阿		香	31

1973年（昭和48年）

12月	11月	10月	9月	8月	7月	6月	5月	4月	3月	2月	1月	
生	智	想	摩	受	羅	多	空	生	智	等	耀	1
諸	心	如	是	般	世	識	僧	諸	心	智	想	2
利	法	等	耀	界	香	真	僧	利	法	心	如	3
空	生	智	想	阿	夢	羅	声	空	生	法	等	4
僧	諸	心	如	有	受	世	多	僧	生	生	等	5
声	利	法	等	摩	般	香	識	声	諸	諸	智	6
多	空	生	智	是	界	夢	真	多	利	利	心	7
識	僧	諸	心	耀	阿	受	羅	識	空	空	法	8
真	声	利	法	想	有	般	世	真	僧	僧	生	9
羅	多	空	生	如	摩	界	香	羅	声	声	諸	10
世	識	僧	諸	等	是	阿	夢	世	多	多	利	11
香	真	声	利	智	耀	有	受	香	識	識	空	12
夢	羅	多	空	心	想	摩	般	夢	真	真	僧	13
受	世	識	僧	法	如	是	界	受	羅	羅	声	14
般	香	真	声	生	等	耀	阿	般	世	世	多	15
界	夢	羅	多	諸	智	想	有	界	香	香	識	16
阿	受	世	識	利	心	如	摩	阿	夢	夢	真	17
有	般	香	真	空	法	等	是	有	受	受	羅	18
摩	界	夢	羅	僧	生	智	耀	摩	般	般	世	19
是	阿	受	世	声	諸	心	想	是	界	界	香	20
耀	有	般	香	多	利	法	如	耀	阿	阿	夢	21
想	摩	界	夢	識	空	生	等	想	有	有	受	22
如	是	阿	受	真	僧	諸	智	如	摩	摩	般	23
等	耀	有	般	羅	声	利	心	等	是	是	界	24
等	想	摩	界	世	多	空	法	智	耀	耀	阿	25
智	如	摩	阿	香	識	僧	生	心	想	想	有	26
心	等	是	有	夢	真	声	諸	法	如	如	摩	27
法	智	耀	摩	般	羅	多	利	生	等	等	是	28
生	心	想	是	界	世	識	空	諸	智		耀	29
諸	法	如	耀	阿	香	真	僧	利	心		想	30
利		等		有	夢		声		法		如	31

1975年（昭和50年）

12月	11月	10月	9月	8月	7月	6月	5月	4月	3月	2月	1月	
是	阿	夢	羅	僧	生	心	想	是	阿	阿	夢	1
耀	有	受	世	声	諸	法	如	耀	有	有	受	2
想	摩	般	香	多	利	生	等	想	摩	摩	般	3
如	是	界	夢	識	空	諸	智	如	是	是	界	4
等	耀	阿	受	真	僧	利	心	等	耀	耀	阿	5
智	想	有	般	羅	声	空	法	智	想	想	有	6
心	如	摩	界	香	多	僧	生	心	如	如	摩	7
法	等	是	阿	夢	識	声	諸	法	等	等	是	8
生	智	耀	有	受	真	多	利	生	智	智	耀	9
諸	心	想	摩	般	羅	多	空	諸	心	心	想	10
利	法	如	是	界	世	識	僧	利	法	心	如	11
空	生	等	耀	阿	香	真	声	利	生	法	等	12
僧	諸	智	想	有	夢	羅	多	空	生	生	智	13
声	利	心	如	摩	受	世	識	僧	諸	諸	心	14
多	空	法	等	是	般	香	真	声	利	利	法	15
識	僧	生	智	耀	界	夢	羅	多	空	空	生	16
真	声	諸	心	想	阿	受	世	識	僧	僧	諸	17
羅	多	利	法	如	有	般	香	真	声	声	利	18
世	識	空	生	等	摩	界	夢	羅	多	多	空	19
香	真	僧	諸	智	是	阿	受	世	識	識	僧	20
夢	羅	声	利	心	耀	有	般	香	真	真	声	21
受	世	多	空	法	想	摩	界	夢	羅	羅	多	22
般	香	識	僧	生	如	是	阿	受	世	世	識	23
界	夢	真	声	諸	等	耀	有	般	香	香	真	24
阿	受	羅	多	利	智	想	摩	界	夢	夢	羅	25
有	般	世	識	空	心	如	是	阿	受	受	世	26
摩	界	香	真	僧	法	等	耀	有	般	般	香	27
是	阿	夢	羅	声	生	智	想	摩	界	界	夢	28
耀	有	受	世	多	諸	心	如	是	阿		受	29
想	摩	般	香	識	利	法	等	耀	有		般	30
如		界		真	空		智		摩		界	31

1974年（昭和49年）

12月	11月	10月	9月	8月	7月	6月	5月	4月	3月	2月	1月	
真	多	利	心	想	有	般	受	世	識	識	空	1
羅	識	空	法	如	摩	界	般	香	真	真	僧	2
世	真	僧	生	等	是	阿	界	夢	羅	羅	声	3
香	羅	声	諸	智	耀	有	阿	受	世	世	多	4
夢	世	多	利	心	想	摩	有	般	香	香	識	5
受	香	識	空	法	如	是	摩	界	夢	夢	真	6
般	夢	真	僧	生	等	耀	是	阿	受	受	羅	7
界	受	羅	声	諸	智	想	耀	有	般	般	世	8
阿	般	世	多	利	心	如	想	摩	界	界	香	9
有	界	香	識	空	法	等	如	是	阿	阿	夢	10
摩	阿	夢	真	僧	生	智	等	耀	有	有	受	11
是	有	受	羅	声	諸	心	智	想	摩	摩	般	12
耀	摩	般	世	多	利	法	心	如	是	是	界	13
想	摩	界	香	識	空	生	法	等	耀	耀	阿	14
如	是	阿	夢	真	僧	諸	生	智	想	想	有	15
等	耀	有	般	羅	声	利	諸	心	如	如	摩	16
智	想	摩	界	世	多	空	利	法	等	等	是	17
心	如	是	阿	香	識	僧	空	生	智	智	耀	18
法	等	耀	有	夢	真	声	僧	諸	心	心	想	19
生	智	想	摩	受	羅	多	声	利	法	法	如	20
諸	心	如	是	般	世	識	多	空	生	生	等	21
利	法	等	耀	界	香	真	僧	僧	諸	生	智	22
空	生	智	想	阿	夢	羅	声	声	利	諸	心	23
僧	諸	心	如	有	受	世	多	多	利	利	法	24
声	利	法	等	摩	般	香	識	識	空	空	生	25
多	空	生	智	是	界	夢	真	真	僧	僧	諸	26
識	僧	諸	心	耀	阿	受	羅	羅	声	声	利	27
真	声	利	法	想	有	般	世	世	多	多	空	28
羅	多	空	生	如	摩	界	香	香	識		僧	29
世	識	僧	諸	等	是	阿	夢	夢	真		声	30
香		声		智	耀		受		羅		多	31

1976年（昭和51年）

12月	11月	10月	9月	8月	7月	6月	5月	4月	3月	2月	1月	
生	心	想	想	阿	夢	羅	多	空	生	法	等	1
諸	法	如	如	有	受	世	識	僧	諸	生	智	2
利	生	等	等	摩	般	香	真	声	利	諸	心	3
空	諸	智	智	是	界	夢	羅	多	空	利	法	4
僧	利	心	心	耀	阿	受	世	識	僧	空	生	5
声	空	法	法	想	有	般	香	真	声	僧	諸	6
多	僧	生	生	如	摩	界	夢	羅	多	声	利	7
識	声	諸	諸	等	是	阿	受	世	識	多	空	8
真	多	利	利	智	耀	有	般	香	真	識	僧	9
羅	識	空	空	心	想	摩	界	夢	羅	真	声	10
世	真	僧	僧	法	如	是	阿	受	世	羅	多	11
香	羅	声	声	生	等	耀	有	般	香	世	識	12
夢	世	多	多	諸	智	想	摩	界	夢	香	真	13
受	香	識	識	利	心	如	是	阿	受	夢	羅	14
般	夢	真	真	空	法	等	耀	有	般	受	世	15
界	受	羅	羅	僧	生	智	想	摩	界	般	香	16
阿	般	世	世	声	諸	心	如	是	阿	界	夢	17
有	界	香	香	多	利	法	等	耀	有	阿	受	18
摩	阿	夢	夢	識	空	生	智	想	摩	有	般	19
是	有	受	受	真	僧	諸	心	如	是	摩	界	20
想	摩	般	般	羅	声	利	法	等	耀	是	阿	21
如	摩	界	界	世	多	空	生	智	想	耀	有	22
等	是	阿	阿	香	識	僧	諸	心	如	想	摩	23
智	耀	有	般	夢	真	声	利	法	等	如	是	24
心	想	摩	界	般	羅	多	空	生	智	等	耀	25
法	如	是	阿	界	世	識	僧	諸	心	智	想	26
生	等	耀	有	阿	香	真	声	利	法	心	如	27
諸	智	想	摩	有	夢	羅	多	空	生	法	等	28
利	心	如	是	摩	受	世	多	僧	諸	生	智	29
空	法	等	耀	是	般	香	識	声	利		心	30
僧		智		耀	界		真		利		心	31

1977年（昭和52年）

12月	11月	10月	9月	8月	7月	6月	5月	4月	3月	2月	1月	
香	真	声	諸	智	耀	摩	界	夢	羅	羅	声	1
夢	羅	多	利	心	想	是	阿	受	世	世	多	2
受	世	識	空	法	如	耀	有	般	香	香	識	3
般	香	真	僧	生	等	想	摩	界	夢	夢	真	4
界	夢	羅	声	諸	智	如	是	阿	受	受	羅	5
阿	受	世	多	利	心	等	耀	有	般	般	世	6
有	般	香	識	空	法	智	想	摩	界	界	香	7
摩	界	夢	真	僧	生	心	如	是	阿	阿	夢	8
是	阿	受	羅	声	諸	法	等	耀	有	有	受	9
耀	有	般	世	多	利	生	智	想	摩	摩	般	10
想	摩	界	香	識	空	諸	心	如	是	是	界	11
如	是	阿	夢	真	僧	利	法	等	耀	耀	阿	12
等	耀	阿	般	羅	声	空	生	智	想	想	有	13
智	想	有	界	世	多	僧	諸	心	如	如	摩	14
心	如	摩	阿	香	識	声	利	法	等	等	是	15
法	等	是	有	夢	真	多	空	生	智	智	耀	16
生	智	耀	摩	受	羅	多	僧	諸	心	心	想	17
諸	心	想	是	般	世	識	僧	利	法	心	如	18
利	法	如	耀	界	香	真	声	空	生	法	等	19
空	生	等	想	阿	夢	羅	多	僧	生	生	智	20
僧	諸	智	如	有	受	世	識	声	諸	諸	心	21
声	利	心	等	摩	般	香	真	多	利	利	法	22
多	空	法	智	是	界	夢	羅	識	空	空	生	23
識	僧	生	心	耀	阿	受	世	真	僧	僧	諸	24
真	声	諸	法	想	有	般	香	羅	声	声	利	25
羅	多	利	生	如	摩	界	夢	世	多	多	空	26
世	識	空	諸	等	是	阿	受	香	識	識	僧	27
香	真	僧	利	智	耀	有	般	夢	真	真	声	28
夢	羅	声	空	心	想	摩	界	受	羅		多	29
受	世	多	僧	法	如	是	阿	般	世		識	30
般		識		生	等		有		香		真	31

1978年（昭和53年）

12月	11月	10月	9月	8月	7月	6月	5月	4月	3月	2月	1月	
如	摩	界	夢	真	僧	利	心	等	耀	是	界	1
等	是	阿	受	羅	声	空	法	智	想	耀	阿	2
智	耀	有	般	世	多	僧	生	心	如	想	有	3
心	想	摩	界	香	識	声	諸	法	等	如	摩	4
法	如	是	阿	夢	真	多	利	生	智	等	是	5
生	等	耀	有	受	羅	多	空	諸	心	智	耀	6
諸	智	想	摩	般	世	識	僧	利	法	心	想	7
利	心	如	是	界	香	真	声	利	生	法	如	8
空	法	等	耀	阿	夢	羅	多	空	生	生	等	9
僧	生	智	想	有	受	世	識	僧	諸	諸	智	10
声	諸	心	如	摩	般	香	真	声	利	利	心	11
多	利	法	等	是	界	夢	羅	多	空	空	法	12
識	空	生	智	耀	阿	受	世	識	僧	僧	生	13
真	僧	諸	心	想	有	般	香	真	声	声	諸	14
羅	声	利	法	如	摩	界	夢	羅	多	多	利	15
世	多	空	生	等	是	阿	受	世	識	識	空	16
香	識	僧	諸	智	耀	有	般	香	真	真	僧	17
夢	真	声	利	心	想	摩	界	夢	羅	羅	声	18
受	羅	多	空	法	如	是	阿	受	世	世	多	19
般	世	識	僧	生	等	耀	有	般	香	香	識	20
界	香	真	声	諸	智	想	摩	界	夢	夢	真	21
阿	夢	羅	多	利	心	如	是	阿	受	受	羅	22
有	受	世	識	空	法	等	耀	有	般	般	世	23
摩	般	香	真	僧	生	智	想	摩	界	界	香	24
是	界	夢	羅	声	諸	心	如	是	阿	阿	夢	25
耀	阿	受	世	多	利	法	等	耀	有	有	受	26
想	有	般	香	識	空	生	智	想	摩	摩	般	27
如	摩	界	夢	真	僧	諸	心	如	是	是	界	28
等	是	阿	受	羅	声	利	法	等	耀		阿	29
等	耀	有	般	世	多	空	生	智	想		有	30
智		摩		香	識		諸		如		摩	31

1979年（昭和54年）

12月	11月	10月	9月	8月	7月	6月	5月	4月	3月	2月	1月	
利	生	智	耀	阿	界	夢	羅	多	利	利	心	1
空	諸	心	想	有	阿	受	世	識	空	空	法	2
僧	利	法	如	摩	有	般	香	真	僧	僧	生	3
声	空	生	等	是	摩	界	夢	羅	声	声	諸	4
多	僧	諸	智	耀	是	阿	受	世	多	多	利	5
識	声	利	心	想	耀	有	般	香	識	識	空	6
真	多	空	法	如	想	摩	界	夢	真	真	僧	7
羅	識	僧	生	等	如	是	阿	受	羅	羅	声	8
世	真	声	諸	智	等	耀	有	般	世	世	多	9
香	羅	多	利	心	智	想	摩	界	香	香	識	10
夢	世	識	空	法	心	如	是	阿	夢	夢	真	11
受	香	真	僧	生	法	等	耀	有	受	受	羅	12
般	夢	羅	声	諸	生	智	想	摩	般	般	世	13
界	受	世	多	利	諸	心	如	是	界	界	香	14
阿	般	香	識	空	利	法	等	耀	阿	阿	夢	15
有	界	夢	真	僧	空	生	智	想	有	有	受	16
摩	阿	受	羅	声	僧	諸	心	如	摩	摩	般	17
是	有	般	世	多	声	利	法	等	是	是	界	18
想	摩	界	香	識	多	空	生	智	耀	耀	阿	19
如	摩	阿	夢	真	識	僧	諸	心	想	想	有	20
等	是	阿	般	羅	真	声	利	法	如	如	摩	21
智	耀	有	界	世	羅	多	空	生	等	等	是	22
心	想	摩	阿	香	世	識	僧	諸	智	智	耀	23
法	如	是	有	夢	真	真	声	利	心	心	想	24
生	等	耀	摩	受	羅	羅	多	空	法	法	如	25
諸	智	想	是	般	世	世	多	僧	生	生	等	26
利	心	如	耀	界	香	香	識	声	諸	生	智	27
空	法	等	想	阿	夢	夢	真	多	利	諸	心	28
僧	生	智	如	有	受	受	羅	識	空		法	29
声	諸	心	等	摩	般	般	世	真	僧		生	30
多		法		是	界		香		声		諸	31

1980年（昭和55年）

12月	11月	10月	9月	8月	7月	6月	5月	4月	3月	2月	1月	
般	夢	羅	声	諸	智	如	摩	界	夢	世	識	1
界	受	世	多	利	心	等	是	阿	受	香	真	2
阿	般	香	識	空	法	智	耀	有	般	夢	羅	3
有	界	夢	真	僧	生	心	想	摩	界	受	世	4
摩	阿	受	羅	声	諸	法	如	是	阿	般	香	5
是	有	般	世	多	利	生	等	耀	有	界	夢	6
想	摩	界	香	識	空	諸	智	想	摩	阿	受	7
如	摩	阿	夢	真	僧	利	心	如	是	有	般	8
等	是	阿	般	羅	声	空	法	等	耀	摩	界	9
智	耀	有	界	世	多	僧	生	智	想	是	阿	10
心	想	摩	阿	香	識	声	諸	心	如	耀	有	11
法	如	是	有	夢	真	多	利	法	等	想	摩	12
生	等	耀	摩	受	羅	多	空	生	智	如	是	13
諸	智	想	是	般	世	識	僧	諸	心	等	耀	14
利	心	如	耀	界	香	真	声	利	法	智	想	15
空	法	等	想	阿	夢	羅	多	空	生	心	如	16
僧	生	智	如	有	受	世	識	僧	生	法	等	17
声	諸	心	等	摩	般	香	真	声	諸	生	等	18
多	利	法	智	是	界	夢	羅	多	利	諸	智	19
識	空	生	心	耀	阿	受	世	識	空	利	心	20
真	僧	諸	法	想	有	般	香	真	僧	空	法	21
羅	声	利	生	如	摩	界	夢	羅	声	僧	生	22
世	多	空	諸	等	是	阿	受	世	多	声	諸	23
香	識	僧	利	智	耀	有	般	香	識	多	利	24
夢	真	声	空	心	想	摩	界	夢	真	識	空	25
受	羅	多	僧	法	如	是	阿	受	羅	真	僧	26
般	世	識	声	生	等	耀	有	般	世	羅	声	27
界	香	真	多	諸	智	想	摩	界	香	世	多	28
阿	夢	羅	識	利	心	如	是	阿	夢	香	識	29
有	受	世	真	空	法	等	耀	有	受		真	30
摩		香		僧	生		想		般		羅	31

1981年（昭和56年）

12月	11月	10月	9月	8月	7月	6月	5月	4月	3月	2月	1月	
法	如	是	有	夢	真	声	諸	法	如	如	是	1
生	等	耀	摩	受	真	多	利	生	等	等	耀	2
諸	智	想	是	般	羅	識	空	諸	智	智	想	3
利	心	如	耀	界	世	真	僧	利	心	心	如	4
空	法	等	想	阿	香	羅	声	利	法	心	等	5
僧	生	智	如	有	夢	世	多	空	生	法	等	6
声	諸	心	等	摩	受	香	識	僧	諸	生	智	7
多	利	法	智	是	般	夢	真	声	利	諸	心	8
識	空	生	心	耀	界	受	羅	多	空	利	法	9
真	僧	諸	法	想	阿	般	世	識	僧	空	生	10
羅	声	利	生	如	有	界	香	真	声	僧	諸	11
世	多	空	諸	等	摩	阿	夢	羅	多	声	利	12
香	識	僧	利	智	是	有	受	世	識	多	空	13
夢	真	声	空	心	耀	摩	般	香	真	識	僧	14
受	羅	多	僧	法	想	是	界	夢	羅	真	声	15
般	世	識	声	生	如	耀	阿	受	世	羅	多	16
界	香	真	多	諸	等	想	有	般	香	世	識	17
阿	夢	羅	識	利	智	如	摩	界	夢	香	真	18
有	受	世	真	空	心	等	是	阿	受	夢	羅	19
摩	般	香	羅	僧	法	智	耀	有	般	受	世	20
是	界	夢	世	声	生	心	想	摩	界	般	香	21
耀	阿	受	香	多	諸	法	如	是	阿	界	夢	22
想	有	般	夢	識	利	生	等	耀	有	阿	受	23
如	摩	界	受	真	空	諸	智	想	摩	有	般	24
等	是	阿	般	羅	僧	利	心	如	是	摩	界	25
等	想	有	界	世	声	空	法	等	耀	是	阿	26
智	如	摩	阿	香	多	僧	生	智	想	耀	有	27
心	等	摩	阿	夢	識	声	諸	心	如	想	摩	28
法	智	是	有	般	真	多	利	法	等		是	29
生	心	耀	摩	界	羅	識	空	生	智		耀	30
諸		想		阿	香		僧		心		想	31

1983年（昭和58年）

	12月	11月	10月	9月	8月	7月	6月	5月	4月	3月	2月	1月	
	有	界	香	識	空	法	等	耀	有	般	般	香	1
	摩	阿	夢	真	僧	生	智	想	摩	界	界	夢	2
	是	有	受	羅	声	諸	心	如	是	阿	阿	受	3
	想	摩	般	世	多	利	法	等	耀	有	有	般	4
	如	摩	界	香	識	空	生	智	想	摩	摩	界	5
	等	是	阿	夢	真	僧	諸	心	如	是	是	阿	6
	智	耀	有	般	羅	声	利	法	等	耀	耀	有	7
	心	想	摩	界	世	多	空	生	智	想	想	摩	8
	法	如	是	阿	香	識	僧	諸	心	如	如	是	9
	生	等	耀	有	夢	真	声	利	法	等	等	耀	10
	諸	智	想	摩	受	羅	多	空	生	智	智	想	11
	利	心	如	是	般	世	識	僧	諸	心	心	如	12
	空	法	等	耀	界	香	真	僧	利	法	心	等	13
	僧	生	智	想	阿	夢	羅	声	空	生	法	等	14
	声	諸	心	如	有	受	世	多	僧	生	生	智	15
	多	利	法	等	摩	般	香	識	声	諸	諸	心	16
	識	空	生	智	是	界	夢	真	多	利	利	法	17
	真	僧	諸	心	耀	阿	受	羅	識	空	空	生	18
	羅	声	利	法	想	有	般	世	真	僧	僧	諸	19
	世	多	空	生	如	摩	界	香	羅	声	声	利	20
	香	識	僧	諸	等	是	阿	夢	世	多	多	空	21
	夢	真	声	利	智	耀	有	受	香	識	識	僧	22
	受	羅	多	空	心	想	摩	般	夢	真	真	声	23
	般	世	識	僧	法	如	是	界	受	羅	羅	多	24
	界	香	真	声	生	等	耀	阿	般	世	世	識	25
	阿	夢	羅	多	諸	智	想	有	界	香	香	真	26
	有	受	世	識	利	心	如	摩	阿	夢	夢	羅	27
	摩	般	香	真	空	法	等	是	有	受	受	世	28
	是	界	夢	羅	僧	生	智	耀	摩	般		香	29
	耀	阿	受	世	声	諸	心	想	是	界		夢	30
	想		般		多	利		如		阿		受	31

1982年（昭和57年）

	12月	11月	10月	9月	8月	7月	6月	5月	4月	3月	2月	1月	
	多	僧	諸	智	是	阿	受	香	羅	声	声	利	1
	識	声	利	心	耀	有	般	夢	世	多	多	空	2
	真	多	空	法	想	摩	界	受	香	識	識	僧	3
	羅	識	僧	生	如	是	阿	般	夢	真	真	声	4
	世	真	声	諸	等	耀	有	界	受	羅	羅	多	5
	香	羅	多	利	智	想	摩	阿	般	世	世	識	6
	夢	世	識	空	心	如	是	有	界	香	香	真	7
	受	香	真	僧	法	等	耀	摩	阿	夢	夢	羅	8
	般	夢	羅	声	生	智	想	是	有	受	受	世	9
	界	受	世	多	諸	心	如	耀	摩	般	般	香	10
	阿	般	香	識	利	法	等	想	是	界	界	夢	11
	有	界	夢	真	空	生	智	如	耀	阿	阿	受	12
	摩	阿	受	羅	僧	諸	心	等	想	有	有	般	13
	是	有	般	世	声	利	法	智	如	摩	摩	界	14
	想	摩	界	香	多	空	生	心	等	是	是	阿	15
	如	摩	阿	夢	識	僧	諸	法	智	耀	耀	有	16
	等	是	阿	般	真	声	利	生	心	想	想	摩	17
	智	耀	有	界	羅	多	空	諸	法	如	如	是	18
	心	想	摩	阿	香	識	僧	利	生	等	等	耀	19
	法	如	是	有	夢	真	声	空	諸	智	智	想	20
	生	等	耀	摩	受	真	多	僧	利	心	心	如	21
	諸	智	想	是	般	羅	識	声	空	法	法	等	22
	利	心	如	耀	界	世	真	僧	僧	生	生	智	23
	空	法	等	想	阿	香	羅	声	僧	諸	生	心	24
	僧	生	智	如	有	夢	世	多	声	利	諸	心	25
	声	諸	心	等	摩	受	香	識	多	空	利	法	26
	多	利	法	智	是	般	夢	真	識	僧	空	生	27
	識	空	生	心	耀	界	受	羅	真	声	僧	諸	28
	真	僧	諸	法	想	阿	般	世	羅	多		利	29
	羅	声	利	生	如	有	界	香	世	識		空	30
	世		空		等	摩		夢		真		僧	31

1984年（昭和59年）

12月	11月	10月	9月	8月	7月	6月	5月	4月	3月	2月	1月	
法	心	如	是	界	世	識	僧	利	法	心	如	1
生	法	等	耀	阿	香	真	声	空	生	心	等	2
諸	生	智	想	有	夢	羅	多	僧	生	法	等	3
利	諸	心	如	摩	受	世	識	声	諸	生	智	4
空	利	法	等	是	般	香	真	多	利	諸	心	5
僧	空	生	智	耀	界	夢	羅	識	空	利	法	6
声	僧	諸	心	想	阿	受	世	真	僧	空	生	7
多	声	利	法	如	有	般	香	羅	声	僧	諸	8
識	多	空	生	等	摩	界	夢	世	多	声	利	9
真	識	僧	諸	智	是	阿	受	香	識	多	空	10
羅	真	声	利	心	耀	有	般	夢	真	識	僧	11
世	羅	多	空	法	想	摩	界	受	羅	真	声	12
香	世	識	僧	生	如	是	阿	般	世	羅	多	13
夢	香	真	声	諸	等	耀	有	界	香	世	識	14
受	夢	羅	多	利	智	想	摩	阿	夢	香	真	15
般	受	世	識	空	心	如	是	有	受	夢	羅	16
界	般	香	真	僧	法	等	耀	摩	般	受	世	17
阿	界	夢	羅	声	生	智	想	是	界	般	香	18
有	阿	受	世	多	諸	心	如	耀	阿	界	夢	19
摩	有	般	香	識	利	法	等	想	有	阿	受	20
是	摩	界	夢	真	空	生	智	如	摩	有	般	21
想	是	阿	受	羅	僧	諸	心	等	是	摩	界	22
如	摩	有	般	世	声	利	法	智	耀	是	阿	23
等	是	摩	界	香	多	空	生	心	想	耀	有	24
智	耀	摩	阿	夢	識	僧	諸	法	如	想	摩	25
心	想	是	有	受	真	声	利	生	等	如	是	26
法	如	耀	摩	般	羅	多	空	諸	智	等	耀	27
生	等	想	是	界	香	識	僧	利	心	智	想	28
諸	智	如	耀	阿	夢	真	声	空	法	心	如	29
利	心	等	想	有	受	羅	多	僧	生		等	30
空		智		摩	般		多		諸		智	31

1985年（昭和60年）

12月	11月	10月	9月	8月	7月	6月	5月	4月	3月	2月	1月	
世	識	空	生	如	是	阿	受	香	識	識	僧	1
香	真	僧	諸	等	耀	有	般	夢	真	真	声	2
夢	羅	声	利	智	想	摩	界	受	羅	羅	多	3
受	世	多	空	心	如	是	阿	般	世	世	識	4
般	香	識	僧	法	等	耀	有	界	香	香	真	5
界	夢	真	声	生	智	想	摩	阿	夢	夢	羅	6
阿	受	羅	多	諸	心	如	是	有	受	受	世	7
有	般	世	識	利	法	等	耀	摩	般	般	香	8
摩	界	香	真	空	生	智	想	是	界	界	夢	9
是	阿	夢	羅	僧	諸	心	如	耀	阿	阿	受	10
耀	有	受	世	声	利	法	等	想	有	有	般	11
想	摩	般	香	多	空	生	智	如	摩	摩	界	12
如	是	界	夢	識	僧	諸	心	等	是	是	阿	13
等	耀	阿	受	真	声	利	法	智	耀	耀	有	14
智	想	有	般	羅	多	空	生	心	想	想	摩	15
心	如	摩	界	香	識	僧	諸	法	如	如	是	16
法	等	是	阿	夢	真	声	利	生	等	等	耀	17
生	智	耀	有	受	真	多	空	諸	智	智	想	18
諸	心	想	摩	般	羅	識	僧	利	心	心	如	19
利	法	如	是	界	世	真	僧	利	法	心	等	20
空	生	等	耀	阿	香	羅	声	空	生	法	等	21
僧	諸	智	想	有	夢	世	多	僧	諸	生	智	22
声	利	心	如	摩	受	香	識	声	利	諸	心	23
多	空	法	等	是	般	夢	真	多	空	利	法	24
識	僧	生	智	耀	界	受	羅	識	僧	空	生	25
真	声	諸	心	想	阿	般	世	真	声	僧	諸	26
羅	多	利	法	如	有	界	香	羅	多	声	利	27
世	識	空	生	等	摩	阿	夢	世	識	多	空	28
香	真	僧	諸	智	是	有	受	香	真		僧	29
夢	羅	声	利	心	耀	摩	般	夢	羅		声	30
受		多		法	想		界		世		多	31

1987年（昭和62年）

12月	11月	10月	9月	8月	7月	6月	5月	4月	3月	2月	1月	
諸	心	如	是	般	受	世	識	声	諸	生	智	1
利	法	等	耀	界	般	香	真	多	利	諸	心	2
空	生	智	想	阿	界	夢	羅	識	空	利	法	3
僧	諸	心	如	有	阿	受	世	真	僧	空	生	4
声	利	法	等	摩	有	般	香	羅	声	僧	諸	5
多	空	生	智	是	摩	界	夢	世	多	声	利	6
識	僧	諸	心	耀	是	阿	受	香	識	多	空	7
真	声	利	法	想	耀	有	般	夢	真	識	僧	8
羅	多	空	生	如	想	摩	界	受	羅	真	声	9
世	識	僧	諸	等	如	是	阿	般	世	羅	多	10
香	真	声	利	智	等	耀	有	界	香	世	識	11
夢	羅	多	空	心	智	想	摩	阿	夢	香	真	12
受	世	識	僧	法	心	如	是	有	受	夢	羅	13
般	香	真	声	生	法	等	耀	摩	般	受	世	14
界	夢	羅	多	諸	生	智	想	是	界	般	香	15
阿	受	世	識	利	諸	心	如	耀	阿	界	夢	16
有	般	香	真	空	利	法	等	想	有	阿	受	17
摩	界	夢	羅	僧	空	生	智	如	摩	有	般	18
是	阿	受	世	声	僧	諸	心	等	是	摩	界	19
耀	有	般	香	多	声	利	法	智	耀	是	阿	20
想	摩	界	夢	識	多	空	生	心	想	耀	有	21
如	是	阿	受	真	識	僧	諸	法	如	想	摩	22
等	耀	阿	般	羅	真	声	利	生	等	如	是	23
智	想	有	界	香	羅	多	空	諸	智	等	耀	24
心	如	摩	阿	夢	世	識	僧	利	心	智	想	25
法	等	是	有	受	真	真	声	空	法	心	如	26
生	智	耀	摩	般	羅	羅	多	僧	生	法	等	27
諸	心	想	是	界	世	世	多	僧	諸	生	智	28
利	法	如	耀	阿	香	香	識	声	利		心	29
空	生	等	想	有	夢	夢	真	多	空		心	30
僧		智		摩	受		羅		僧		法	31

1986年（昭和61年）

12月	11月	10月	9月	8月	7月	6月	5月	4月	3月	2月	1月	
耀	有	般	世	多	空	生	智	如	摩	摩	般	1
想	摩	界	香	識	僧	諸	心	等	是	是	界	2
如	是	阿	夢	真	声	利	法	智	耀	耀	阿	3
等	耀	阿	般	羅	多	空	生	心	想	想	有	4
智	想	有	界	世	識	僧	諸	法	如	如	摩	5
心	如	摩	阿	香	真	声	利	生	等	等	是	6
法	等	是	有	夢	真	多	空	諸	智	智	耀	7
生	智	耀	摩	受	羅	識	僧	利	心	心	想	8
諸	心	想	是	般	世	真	僧	利	法	心	如	9
利	法	如	耀	界	香	羅	声	空	生	法	等	10
空	生	等	想	阿	夢	世	多	僧	諸	生	智	11
僧	諸	智	如	有	受	香	識	声	利	諸	心	12
声	利	心	等	摩	般	夢	真	多	空	利	法	13
多	空	法	智	是	界	受	羅	識	僧	空	生	14
識	僧	生	心	耀	阿	般	世	真	声	僧	諸	15
真	声	諸	法	想	有	界	香	羅	多	声	利	16
羅	多	利	生	如	摩	阿	夢	世	識	多	空	17
世	識	空	諸	等	是	有	受	香	真	識	僧	18
香	真	僧	利	智	耀	摩	般	夢	羅	真	声	19
夢	羅	声	空	心	想	是	界	受	世	羅	多	20
受	世	多	僧	法	如	耀	阿	般	香	世	識	21
般	香	識	声	生	等	想	有	界	夢	香	真	22
界	夢	真	多	諸	智	如	摩	阿	受	夢	羅	23
阿	受	羅	識	利	心	等	是	有	般	受	世	24
有	般	世	真	空	法	智	耀	摩	界	般	香	25
摩	界	香	羅	僧	生	心	想	是	阿	界	夢	26
是	阿	夢	世	声	諸	法	如	耀	有	阿	受	27
耀	有	受	香	多	利	生	等	想	摩	有	般	28
想	摩	般	夢	識	空	諸	智	如	是		界	29
如	是	界	受	真	僧	利	心	等	耀		阿	30
等		阿		羅	声		法		想		有	31

1988年（昭和63年）

12月	11月	10月	9月	8月	7月	6月	5月	4月	3月	2月	1月	
受	世	識	僧	法	等	耀	有	般	世	羅	声	1
般	香	真	声	生	智	想	摩	界	香	世	多	2
界	夢	羅	多	諸	心	如	是	阿	夢	香	識	3
阿	受	世	識	利	法	等	耀	有	受	夢	真	4
有	般	香	真	空	生	智	想	摩	般	受	羅	5
摩	界	夢	羅	僧	諸	心	如	是	界	般	世	6
是	阿	受	世	声	利	法	等	耀	阿	界	香	7
耀	有	般	香	多	空	生	智	想	有	阿	夢	8
想	摩	界	夢	識	僧	諸	心	如	摩	有	受	9
如	是	阿	受	真	声	利	法	等	是	摩	般	10
等	耀	阿	般	羅	多	空	生	智	耀	是	界	11
智	想	有	界	香	識	僧	諸	心	想	耀	阿	12
心	如	摩	阿	夢	真	声	利	法	如	想	有	13
法	等	是	有	受	真	多	空	生	等	如	摩	14
生	智	耀	摩	般	羅	識	僧	諸	智	等	是	15
諸	心	想	是	界	世	真	僧	利	心	智	耀	16
利	法	如	耀	阿	香	羅	声	空	法	心	想	17
空	生	等	想	有	夢	世	多	僧	生	心	如	18
僧	諸	智	如	摩	受	香	識	声	諸	法	等	19
声	利	心	等	是	般	夢	真	多	利	生	智	20
多	空	法	智	耀	界	受	羅	識	空	諸	心	21
識	僧	生	心	想	阿	般	世	真	僧	利	法	22
真	声	諸	法	如	有	界	香	羅	声	空	生	23
羅	多	利	生	等	摩	阿	夢	世	多	僧	諸	24
世	識	空	諸	智	是	有	受	香	識	声	利	25
香	真	僧	利	心	耀	摩	般	夢	真	多	空	26
夢	羅	声	空	法	想	是	界	受	羅	識	僧	27
受	世	多	僧	生	如	耀	阿	般	世	真	声	28
般	香	識	声	諸	等	想	有	界	香	羅	多	29
界	夢	真	多	利	智	如	摩	阿	夢		識	30
阿		羅		空	心		是		受		真	31

1989年（平成元年）

12月	11月	10月	9月	8月	7月	6月	5月	4月	3月	2月	1月	
智	耀	有	界	世	多	僧	生	智	想	耀	有	1
心	想	摩	阿	香	識	声	諸	心	如	想	摩	2
法	如	是	有	夢	真	多	利	法	等	如	是	3
生	等	耀	摩	受	羅	多	空	生	智	等	耀	4
諸	智	想	是	般	世	識	僧	諸	心	智	想	5
利	心	如	耀	界	香	真	声	利	法	心	如	6
空	法	等	想	阿	夢	羅	多	空	生	法	等	7
僧	生	智	如	有	受	世	識	僧	生	生	等	8
声	諸	心	等	摩	般	香	真	声	諸	諸	智	9
多	利	法	智	是	界	夢	羅	多	利	利	心	10
識	空	生	心	耀	阿	受	世	識	空	空	法	11
真	僧	諸	法	想	有	般	香	真	僧	僧	生	12
羅	声	利	生	如	摩	界	夢	羅	声	声	諸	13
世	多	空	諸	等	是	阿	受	世	多	多	利	14
香	識	僧	利	智	耀	有	般	香	識	識	空	15
夢	真	声	空	心	想	摩	界	夢	真	真	僧	16
受	羅	多	僧	法	如	是	阿	受	羅	羅	声	17
般	世	識	声	生	等	耀	有	般	世	世	多	18
界	香	真	多	諸	智	想	摩	界	香	香	識	19
阿	夢	羅	識	利	心	如	是	阿	夢	夢	真	20
有	受	世	真	空	法	等	耀	有	受	受	羅	21
摩	般	香	羅	僧	生	智	想	摩	般	般	世	22
是	界	夢	世	声	諸	心	如	是	界	界	香	23
耀	阿	受	香	多	利	法	等	耀	阿	阿	夢	24
想	有	般	夢	識	空	生	智	想	有	有	受	25
如	摩	界	受	真	僧	諸	心	如	摩	摩	般	26
等	是	阿	般	羅	声	利	法	等	是	是	界	27
等	想	有	界	世	多	空	生	智	耀	耀	阿	28
智	如	摩	阿	香	識	僧	諸	心	想		有	29
心	等	摩	阿	夢	真	声	利	法	如		摩	30
法		是		般	羅		空		等		是	31

1991年（平成3年）

12月	11月	10月	9月	8月	7月	6月	5月	4月	3月	2月	1月	
界	受	世	多	諸	心	如	摩	阿	夢	夢	羅	1
阿	般	香	識	利	法	等	是	有	受	受	世	2
有	界	夢	真	空	生	智	耀	摩	般	般	香	3
摩	阿	受	羅	僧	諸	心	想	是	界	界	夢	4
是	有	般	世	声	利	法	如	耀	阿	阿	受	5
想	摩	界	香	多	空	生	等	想	有	有	般	6
如	摩	阿	夢	識	僧	諸	智	如	摩	摩	界	7
等	是	阿	般	真	声	利	心	等	是	是	阿	8
智	耀	有	界	羅	多	空	法	智	耀	耀	有	9
心	想	摩	阿	香	識	僧	生	心	想	想	摩	10
法	如	是	有	夢	真	声	諸	法	如	如	是	11
生	等	耀	摩	受	真	多	利	生	等	等	耀	12
諸	智	想	是	般	羅	識	空	諸	智	智	想	13
利	心	如	耀	界	世	真	僧	利	心	心	如	14
空	法	等	想	阿	香	羅	声	利	法	心	等	15
僧	生	智	如	有	夢	世	多	空	生	法	等	16
声	諸	心	等	摩	受	香	識	僧	諸	生	智	17
多	利	法	智	是	般	夢	真	声	利	諸	心	18
識	空	生	心	耀	界	受	羅	多	空	利	法	19
真	僧	諸	法	想	阿	般	世	識	僧	空	生	20
羅	声	利	生	如	有	界	香	真	声	僧	諸	21
世	多	空	諸	等	摩	阿	夢	羅	多	声	利	22
香	識	僧	利	智	是	有	受	世	識	多	空	23
夢	真	声	空	心	耀	摩	般	香	真	識	僧	24
受	羅	多	僧	法	想	是	界	夢	羅	真	声	25
般	世	識	声	生	如	耀	阿	受	世	羅	多	26
界	香	真	多	諸	等	想	有	般	香	世	識	27
阿	夢	羅	識	利	智	如	摩	界	夢	香	真	28
有	受	世	真	空	心	等	是	阿	受		羅	29
摩	般	香	羅	僧	法	智	耀	有	般		世	30
是		夢		声	生		想		界		香	31

1990年（平成2年）

12月	11月	10月	9月	8月	7月	6月	5月	4月	3月	2月	1月	
声	利	法	等	摩	般	般	世	識	僧	空	生	1
多	空	生	智	是	界	界	香	真	声	僧	諸	2
識	僧	諸	心	耀	阿	阿	夢	羅	多	声	利	3
真	声	利	法	想	有	有	受	世	識	多	空	4
羅	多	空	生	如	摩	摩	般	香	真	識	僧	5
世	識	僧	諸	等	是	是	界	夢	羅	真	声	6
香	真	声	利	智	耀	耀	阿	受	世	羅	多	7
夢	羅	多	空	心	想	想	有	般	香	世	識	8
受	世	識	僧	法	如	如	摩	界	夢	香	真	9
般	香	真	声	生	等	等	是	阿	受	夢	羅	10
界	夢	羅	多	諸	智	智	耀	有	般	受	世	11
阿	受	世	識	利	心	心	想	摩	界	般	香	12
有	般	香	真	空	法	法	如	是	阿	界	夢	13
摩	界	夢	羅	僧	生	生	等	耀	有	阿	受	14
是	阿	受	世	声	諸	諸	智	想	摩	有	般	15
耀	有	般	香	多	利	利	心	如	是	摩	界	16
想	摩	界	夢	識	空	空	法	等	耀	是	阿	17
如	是	阿	受	真	僧	僧	生	智	想	耀	有	18
等	耀	阿	般	羅	声	声	諸	心	如	想	摩	19
智	想	有	界	香	多	多	利	法	等	如	是	20
心	如	摩	阿	夢	識	識	空	生	智	等	耀	21
法	等	是	有	受	真	真	僧	諸	心	智	想	22
生	智	耀	摩	般	羅	多	声	利	法	心	如	23
諸	心	想	是	界	世	識	多	空	生	法	等	24
利	法	如	耀	阿	香	真	識	僧	諸	生	智	25
空	生	等	想	有	夢	羅	真	声	利	諸	心	26
僧	諸	智	如	摩	受	世	羅	多	利	利	心	27
声	利	心	等	是	般	香	世	識	空	空	法	28
多	空	法	智	耀	界	夢	香	真	僧		生	29
識	僧	生	心	想	阿	受	夢	羅	声		諸	30
真		諸		如	有		受		多		利	31

1992年（平成4年）

12月	11月	10月	9月	8月	7月	6月	5月	4月	3月	2月	1月	
諸	智	想	摩	受	羅	多	空	諸	智	等	耀	1
利	心	如	是	般	世	識	僧	利	心	智	想	2
空	法	等	耀	界	香	真	僧	利	法	心	如	3
僧	生	智	想	阿	夢	羅	声	空	生	心	等	4
声	諸	心	如	有	受	世	多	僧	諸	法	等	5
多	利	法	等	摩	般	香	識	声	利	生	智	6
識	空	生	智	是	界	夢	真	多	空	諸	心	7
真	僧	諸	心	耀	阿	受	羅	識	僧	利	法	8
羅	声	利	法	想	有	般	世	真	声	空	生	9
世	多	空	生	如	摩	界	香	羅	多	僧	諸	10
香	識	僧	諸	等	是	阿	夢	世	識	声	利	11
夢	真	声	利	智	耀	有	受	香	真	多	空	12
受	羅	多	空	心	想	摩	般	夢	羅	識	僧	13
般	世	識	僧	法	如	是	界	受	世	真	声	14
界	香	真	声	生	等	耀	阿	般	香	羅	多	15
阿	夢	羅	多	諸	智	想	有	界	夢	世	識	16
有	受	世	識	利	心	如	摩	阿	受	香	真	17
摩	般	香	真	空	法	等	是	有	般	夢	羅	18
是	界	夢	羅	僧	生	智	耀	摩	界	受	世	19
耀	阿	受	世	声	諸	心	想	是	阿	般	香	20
想	有	般	香	多	利	法	如	耀	有	界	夢	21
如	摩	界	夢	識	空	生	等	想	摩	阿	受	22
等	是	阿	受	真	僧	諸	智	如	是	有	般	23
等	想	有	般	羅	声	利	心	等	耀	摩	界	24
智	如	摩	界	世	多	空	法	智	想	是	阿	25
心	等	摩	阿	香	識	僧	生	心	如	耀	有	26
法	智	是	有	夢	真	声	諸	法	等	想	摩	27
生	心	耀	摩	般	羅	多	利	生	智	如	是	28
諸	法	想	是	界	世	識	空	諸	心	等	耀	29
利	生	如	耀	阿	香	真	僧	利	法		想	30
空		等		有	夢		声		生		如	31

1993年（平成5年）

12月	11月	10月	9月	8月	7月	6月	5月	4月	3月	2月	1月	
真	多	利	心	想	有	界	香	香	真	識	僧	1
羅	識	空	法	如	摩	阿	夢	夢	羅	真	声	2
世	真	僧	生	等	是	有	受	受	世	羅	多	3
香	羅	声	諸	智	耀	摩	般	般	香	世	識	4
夢	世	多	利	心	想	是	界	界	夢	香	真	5
受	香	識	空	法	如	耀	阿	阿	受	夢	羅	6
般	夢	真	僧	生	等	想	有	有	般	受	世	7
界	受	羅	声	諸	智	如	摩	摩	界	般	香	8
阿	般	世	多	利	心	等	是	是	阿	界	夢	9
有	界	香	識	空	法	智	耀	耀	有	阿	受	10
摩	阿	夢	真	僧	生	心	想	想	摩	有	般	11
是	有	受	羅	声	諸	法	如	如	是	摩	界	12
想	摩	般	世	多	利	生	等	等	耀	是	阿	13
如	摩	界	香	識	空	諸	智	智	想	耀	有	14
等	是	阿	夢	真	僧	利	心	心	如	想	摩	15
智	耀	有	般	羅	声	空	法	法	等	如	是	16
心	想	摩	界	世	多	僧	生	生	智	等	耀	17
法	如	是	阿	香	識	声	諸	諸	心	智	想	18
生	等	耀	有	夢	真	多	利	利	法	心	如	19
諸	智	想	摩	受	羅	多	空	空	生	法	等	20
利	心	如	是	般	世	識	僧	僧	諸	生	智	21
空	法	等	耀	界	香	真	声	利	利	諸	心	22
僧	生	智	想	阿	夢	羅	多	空	利	利	心	23
声	諸	心	如	有	受	世	識	僧	空	空	法	24
多	利	法	等	摩	般	香	真	声	僧	僧	生	25
識	空	生	智	是	界	夢	羅	多	声	声	諸	26
真	僧	諸	心	耀	阿	受	世	識	多	多	利	27
羅	声	利	法	想	有	般	香	真	識	識	空	28
世	多	空	生	如	摩	界	夢	羅	真		僧	29
香	識	僧	諸	等	是	阿	受	世	羅		声	30
夢		声		智	耀		般		世		多	31

1994年（平成6年）

12月	11月	10月	9月	8月	7月	6月	5月	4月	3月	2月	1月	
是	阿	夢	羅	僧	諸	心	如	耀	有	阿	受	1
耀	有	受	世	声	利	法	等	想	摩	有	般	2
想	摩	般	香	多	空	生	智	如	是	摩	界	3
如	是	界	夢	識	僧	諸	心	等	耀	是	阿	4
等	耀	阿	受	真	声	利	法	智	想	耀	有	5
智	想	有	般	羅	多	空	生	心	如	想	摩	6
心	如	摩	界	香	識	僧	諸	法	等	如	是	7
法	等	是	阿	夢	真	声	利	生	智	等	耀	8
生	智	耀	有	受	真	多	空	諸	心	智	想	9
諸	心	想	摩	般	羅	識	僧	利	法	心	如	10
利	法	如	是	界	世	真	僧	利	生	法	等	11
空	生	等	耀	阿	香	羅	声	空	生	生	等	12
僧	諸	智	想	有	夢	世	多	僧	諸	諸	智	13
声	利	心	如	摩	受	香	識	声	利	利	心	14
多	空	法	等	是	般	夢	真	多	空	空	法	15
識	僧	生	智	耀	界	受	羅	識	僧	僧	生	16
真	声	諸	心	想	阿	般	世	真	声	声	諸	17
羅	多	利	法	如	有	界	香	羅	多	多	利	18
世	識	空	生	等	摩	阿	夢	世	識	識	空	19
香	真	僧	諸	智	是	有	受	香	真	真	僧	20
夢	羅	声	利	心	耀	摩	般	夢	羅	羅	声	21
受	世	多	空	法	想	是	界	受	世	世	多	22
般	香	識	僧	生	如	耀	阿	般	香	香	識	23
界	夢	真	声	諸	等	想	有	界	夢	夢	真	24
阿	受	羅	多	利	智	如	摩	阿	受	受	羅	25
有	般	世	識	空	心	等	是	有	般	般	世	26
摩	界	香	真	僧	法	智	耀	摩	界	界	香	27
是	阿	夢	羅	声	生	心	想	是	阿	阿	夢	28
耀	有	受	世	多	諸	法	如	耀	有		受	29
想	摩	般	香	識	利	生	等	想	摩		般	30
如		界		真	空		智		是		界	31

1995年（平成7年）

12月	11月	10月	9月	8月	7月	6月	5月	4月	3月	2月	1月	
法	智	耀	耀	界	香	羅	声	空	生	法	等	1
生	心	想	想	阿	夢	世	多	僧	諸	生	智	2
諸	法	如	如	有	受	香	識	声	利	諸	心	3
利	生	等	等	摩	般	夢	真	多	空	利	法	4
空	諸	智	智	是	界	受	羅	識	僧	空	生	5
僧	利	心	心	耀	阿	般	世	真	声	僧	諸	6
声	空	法	法	想	有	界	香	羅	多	声	利	7
多	僧	生	生	如	摩	阿	夢	世	識	多	空	8
識	声	諸	諸	等	是	有	受	香	真	識	僧	9
真	多	利	利	智	耀	摩	般	夢	羅	真	声	10
羅	識	空	空	心	想	是	界	受	世	羅	多	11
世	真	僧	僧	法	如	耀	阿	般	香	世	識	12
香	羅	声	声	生	等	想	有	界	夢	香	真	13
夢	世	多	多	諸	智	如	摩	阿	受	夢	羅	14
受	香	識	識	利	心	等	是	有	般	受	世	15
般	夢	真	真	空	法	智	耀	摩	界	般	香	16
界	受	羅	羅	僧	生	心	想	是	阿	界	夢	17
阿	般	世	世	声	諸	法	如	耀	有	阿	受	18
有	界	香	香	多	利	生	等	想	摩	有	般	19
摩	阿	夢	夢	識	空	諸	智	如	是	摩	界	20
是	有	受	受	真	僧	利	心	等	耀	是	阿	21
想	摩	般	般	羅	声	空	法	智	想	耀	有	22
如	摩	界	界	世	多	僧	生	心	如	想	摩	23
等	是	阿	阿	夢	識	声	諸	法	等	如	是	24
智	耀	有	般	受	真	多	利	生	智	等	耀	25
心	想	摩	界	般	羅	識	空	諸	心	智	想	26
法	如	是	阿	界	世	真	僧	利	法	心	如	27
生	等	耀	有	阿	香	真	声	空	生	法	等	28
諸	智	想	摩	有	夢	羅	多	僧	諸		智	29
利	心	如	是	摩	受	世	識	僧	利		心	30
空		等		是	般		真		利		心	31

1996年（平成8年）

12月	11月	10月	9月	8月	7月	6月	5月	4月	3月	2月	1月	
香	羅	声	利	智	想	是	界	受	羅	真	僧	1
夢	世	多	空	心	如	耀	阿	般	世	羅	声	2
受	香	識	僧	法	等	想	有	界	香	世	多	3
般	夢	真	声	生	智	如	摩	阿	夢	香	識	4
界	受	羅	多	諸	心	等	是	有	受	夢	真	5
阿	般	世	識	利	法	智	耀	摩	般	受	羅	6
有	界	香	真	空	生	心	想	是	界	般	世	7
摩	阿	夢	羅	僧	諸	法	如	耀	阿	界	香	8
是	有	受	世	声	利	生	等	想	有	阿	夢	9
耀	摩	般	香	多	空	諸	智	如	摩	有	受	10
想	摩	界	夢	識	僧	利	心	等	是	摩	般	11
如	是	阿	受	真	声	空	法	智	耀	是	界	12
等	耀	有	般	羅	多	僧	生	心	想	耀	阿	13
智	想	摩	界	香	識	声	諸	法	如	想	有	14
心	如	是	阿	夢	真	多	利	生	等	如	摩	15
法	等	耀	有	受	真	多	空	諸	智	等	是	16
生	智	想	摩	般	羅	識	僧	利	心	智	耀	17
諸	心	如	是	界	世	真	声	利	法	心	想	18
利	法	等	耀	阿	香	羅	多	空	生	心	如	19
空	生	智	想	有	夢	世	識	僧	諸	法	等	20
僧	諸	心	如	摩	受	香	真	声	利	生	智	21
声	利	法	等	是	般	夢	羅	多	空	諸	心	22
多	空	生	智	耀	界	受	世	識	僧	利	法	23
識	僧	諸	心	想	阿	般	香	真	声	空	生	24
真	声	利	法	如	有	界	夢	羅	多	僧	諸	25
羅	多	空	生	等	摩	阿	受	世	識	声	利	26
世	識	僧	諸	智	是	有	般	香	真	多	空	27
香	真	声	利	心	耀	摩	界	夢	羅	識	僧	28
夢	羅	多	空	法	想	是	阿	受	世	真	声	29
受	香	識	僧	生	如	耀	有	般	香		多	30
般		真		諸	等		摩		夢		識	31

1997年（平成9年）

12月	11月	10月	9月	8月	7月	6月	5月	4月	3月	2月	1月	
如	是	阿	受	真	声	利	法	等	是	是	界	1
等	耀	阿	般	羅	多	空	生	智	耀	耀	阿	2
智	想	有	界	香	識	僧	諸	心	想	想	有	3
心	如	摩	阿	夢	真	声	利	法	如	如	摩	4
法	等	是	有	受	真	多	空	生	等	等	是	5
生	智	耀	摩	般	羅	識	僧	諸	智	智	耀	6
諸	心	想	是	界	世	真	僧	利	心	心	想	7
利	法	如	耀	阿	香	羅	声	空	法	心	如	8
空	生	等	想	有	夢	世	多	僧	生	法	等	9
僧	諸	智	如	摩	受	香	識	声	諸	生	智	10
声	利	心	等	是	般	夢	真	多	利	諸	心	11
多	空	法	智	耀	界	受	羅	識	空	利	法	12
識	僧	生	心	想	阿	般	世	真	僧	空	生	13
真	声	諸	法	如	有	界	香	羅	声	僧	諸	14
羅	多	利	生	摩	摩	阿	夢	世	多	声	利	15
世	識	空	諸	智	是	有	受	香	識	多	空	16
香	真	僧	利	心	耀	摩	般	夢	真	識	僧	17
夢	羅	声	空	法	想	是	界	受	羅	真	声	18
受	世	多	僧	生	如	耀	阿	般	世	羅	多	19
般	香	識	声	諸	等	想	有	界	香	世	識	20
界	夢	真	多	利	智	如	摩	阿	夢	香	真	21
阿	受	羅	識	空	心	等	是	有	受	夢	羅	22
有	般	世	真	僧	法	智	耀	摩	般	受	世	23
摩	界	香	羅	声	生	心	想	是	界	般	香	24
是	阿	夢	世	多	諸	法	如	耀	阿	界	夢	25
耀	有	受	香	識	利	生	等	想	有	阿	受	26
想	摩	般	夢	真	空	諸	智	如	摩	有	般	27
如	是	界	受	羅	僧	利	心	等	是	摩	界	28
等	耀	阿	般	世	声	空	法	智	耀		阿	29
等	想	有	界	香	多	僧	生	心	想		有	30
智		摩		夢	識		諸		如		摩	31

1998年（平成10年）

12月	11月	10月	9月	8月	7月	6月	5月	4月	3月	2月	1月	
空	諸	智	想	有	受	夢	羅	多	利	利	心	1
僧	利	心	如	摩	般	受	世	識	空	空	法	2
声	空	法	等	是	界	般	香	真	僧	僧	生	3
多	僧	生	智	耀	阿	界	夢	羅	声	声	諸	4
識	声	諸	心	想	有	阿	受	世	多	多	利	5
真	多	利	法	如	摩	有	般	香	識	識	空	6
羅	識	空	生	等	是	摩	界	夢	真	真	僧	7
世	真	僧	諸	智	耀	是	阿	受	羅	羅	声	8
香	羅	声	利	心	想	耀	有	般	世	世	多	9
夢	世	多	空	法	如	想	摩	界	香	香	識	10
受	香	識	僧	生	等	如	是	阿	夢	夢	真	11
般	夢	真	声	諸	智	等	耀	有	受	受	羅	12
界	受	羅	多	利	心	智	想	摩	般	般	世	13
阿	般	世	識	空	法	心	如	是	界	界	香	14
有	界	香	真	僧	生	法	等	耀	阿	阿	夢	15
摩	阿	夢	羅	声	諸	生	智	想	有	有	受	16
是	有	受	世	多	利	諸	心	如	摩	摩	般	17
耀	摩	般	香	識	空	利	法	等	是	是	界	18
想	摩	界	夢	真	僧	空	生	智	耀	耀	阿	19
如	是	阿	受	羅	声	僧	諸	心	想	想	有	20
等	耀	有	般	世	多	声	利	法	如	如	摩	21
智	想	摩	界	香	識	多	空	生	等	等	是	22
心	如	是	阿	夢	真	識	僧	諸	智	智	耀	23
法	等	耀	有	受	羅	多	声	利	心	心	想	24
生	智	想	摩	般	世	識	多	空	法	法	如	25
諸	心	如	是	界	香	真	多	僧	生	生	等	26
利	法	等	耀	阿	夢	羅	識	声	諸	生	智	27
空	生	智	想	有	受	世	真	多	利	諸	心	28
僧	諸	心	如	摩	般	香	羅	識	空		法	29
声	利	法	等	是	界	夢	世	真	僧		生	30
多		生		耀	阿		香		声		諸	31

1999年（平成11年）

12月	11月	10月	9月	8月	7月	6月	5月	4月	3月	2月	1月	
般	香	真	声	生	等	想	有	般	香	世	識	1
界	夢	羅	多	諸	智	如	摩	界	夢	香	真	2
阿	受	世	識	利	心	等	是	阿	受	夢	羅	3
有	般	香	真	空	法	智	耀	有	般	受	世	4
摩	界	夢	羅	僧	生	心	想	摩	界	般	香	5
是	阿	受	世	声	諸	法	如	是	阿	界	夢	6
耀	有	般	香	多	利	生	等	耀	有	阿	受	7
想	摩	界	夢	識	空	諸	智	想	摩	有	般	8
如	是	阿	受	真	僧	利	心	如	是	摩	界	9
等	耀	阿	般	羅	声	空	法	等	耀	是	阿	10
智	想	有	界	香	多	僧	生	智	想	耀	有	11
心	如	摩	阿	夢	識	声	諸	心	如	想	摩	12
法	等	是	有	受	真	多	利	法	等	如	是	13
生	智	耀	摩	般	羅	多	空	生	智	等	耀	14
諸	心	想	是	界	世	識	僧	諸	心	智	想	15
利	法	如	耀	阿	香	真	声	利	法	心	如	16
空	生	等	想	有	夢	羅	多	空	生	法	等	17
僧	諸	智	如	摩	受	世	識	僧	生	生	等	18
声	利	心	等	是	般	香	真	声	諸	諸	智	19
多	空	法	智	耀	界	夢	羅	多	利	利	心	20
識	僧	生	心	想	阿	受	世	識	空	空	法	21
真	声	諸	法	如	有	般	香	真	僧	僧	生	22
羅	多	利	生	等	摩	界	夢	羅	声	声	諸	23
世	識	空	諸	智	是	阿	受	世	多	多	利	24
香	真	僧	利	心	耀	有	般	香	識	識	空	25
夢	羅	声	空	法	想	摩	界	夢	真	真	僧	26
受	世	多	僧	生	如	是	阿	受	羅	羅	声	27
般	香	識	声	諸	等	耀	有	般	世	世	多	28
界	夢	真	多	利	智	想	摩	界	香		識	29
阿	受	羅	識	空	心	如	是	阿	夢		真	30
有		世		僧	法		耀		受		羅	31

2000年（平成12年）

12月	11月	10月	9月	8月	7月	6月	5月	4月	3月	2月	1月	
法	等	是	有	夢	真	声	諸	法	等	想	摩	1
生	智	耀	摩	受	真	多	利	生	智	如	是	2
諸	心	想	是	般	羅	識	空	諸	心	等	耀	3
利	法	如	耀	界	世	真	僧	利	法	智	想	4
空	生	等	想	阿	香	羅	声	利	生	心	如	5
僧	諸	智	如	有	夢	世	多	空	生	法	等	6
声	利	心	等	摩	受	香	識	僧	諸	生	等	7
多	空	法	智	是	般	夢	真	声	利	諸	智	8
識	僧	生	心	耀	界	受	羅	多	空	利	心	9
真	声	諸	法	想	阿	般	世	識	僧	空	法	10
羅	多	利	生	如	有	界	香	真	声	僧	生	11
世	識	空	諸	等	摩	阿	夢	羅	多	声	諸	12
香	真	僧	利	智	是	有	受	世	識	多	利	13
夢	羅	声	空	心	耀	摩	般	香	真	識	空	14
受	世	多	僧	法	想	是	界	夢	羅	真	僧	15
般	香	識	声	生	如	耀	阿	受	世	羅	声	16
界	夢	真	多	諸	等	想	有	般	香	世	多	17
阿	受	羅	識	利	智	如	摩	界	夢	香	識	18
有	般	世	真	空	心	等	是	阿	受	夢	真	19
摩	界	香	羅	僧	法	智	耀	有	般	受	羅	20
是	阿	夢	世	声	生	心	想	摩	界	般	世	21
耀	有	受	香	多	諸	法	如	是	阿	界	香	22
想	摩	般	夢	識	利	生	等	耀	有	阿	夢	23
如	是	界	受	真	空	諸	智	想	摩	有	受	24
等	耀	阿	般	羅	僧	利	心	如	是	摩	般	25
等	想	有	界	世	声	空	法	等	耀	是	界	26
智	如	摩	阿	香	多	僧	生	智	想	耀	阿	27
心	等	是	阿	夢	識	声	諸	心	如	想	有	28
法	智	耀	有	般	真	多	利	法	等	如	摩	29
生	心	想	摩	界	羅	識	空	生	智		是	30
諸		如		阿	香		僧		心		耀	31

2001年（平成13年）

12月	11月	10月	9月	8月	7月	6月	5月	4月	3月	2月	1月	
識	僧	諸	智	是	阿	受	香	羅	多	多	利	1
真	声	利	心	耀	有	般	夢	世	識	識	空	2
羅	多	空	法	想	摩	界	受	香	真	真	僧	3
世	識	僧	生	如	是	阿	般	夢	羅	羅	声	4
香	真	声	諸	等	耀	有	界	受	世	世	多	5
夢	羅	多	利	智	想	摩	阿	般	香	香	識	6
受	世	識	空	心	如	是	有	界	夢	夢	真	7
般	香	真	僧	法	等	耀	摩	阿	受	受	羅	8
界	夢	羅	声	生	智	想	是	有	般	般	世	9
阿	受	世	多	諸	心	如	耀	摩	界	界	香	10
有	般	香	識	利	法	等	想	是	阿	阿	夢	11
摩	界	夢	真	空	生	智	如	耀	有	有	受	12
是	阿	受	羅	僧	諸	心	等	想	摩	摩	般	13
耀	有	般	世	声	利	法	智	如	是	是	界	14
想	摩	界	香	多	空	生	心	等	耀	耀	阿	15
如	是	阿	夢	識	僧	諸	法	智	想	想	有	16
等	耀	阿	般	真	声	利	生	心	如	如	摩	17
智	想	有	界	羅	多	空	諸	法	等	等	是	18
心	如	摩	阿	香	識	僧	利	生	智	智	耀	19
法	等	是	有	夢	真	声	空	諸	心	心	想	20
生	智	耀	摩	受	真	多	僧	利	法	法	如	21
諸	心	想	是	般	羅	識	声	空	生	生	等	22
利	法	如	耀	界	世	真	僧	僧	諸	生	智	23
空	生	等	想	阿	香	羅	声	僧	利	諸	心	24
僧	諸	智	如	有	夢	世	多	声	利	利	法	25
声	利	心	等	摩	受	香	識	多	空	空	生	26
多	空	法	智	是	般	夢	真	識	僧	僧	諸	27
識	僧	生	心	耀	界	受	羅	真	声	声	利	28
真	声	諸	法	想	阿	般	世	羅	多		空	29
羅	多	利	生	如	有	界	香	世	識		僧	30
世		空		等	摩		夢		真		声	31

2002年（平成14年）

12月	11月	10月	9月	8月	7月	6月	5月	4月	3月	2月	1月	
有	界	香	識	空	法	智	耀	摩	界	界	香	1
摩	阿	夢	真	僧	生	心	想	是	阿	阿	夢	2
有	有	受	羅	声	諸	法	如	耀	有	有	受	3
想	摩	般	世	多	利	生	等	想	摩	摩	般	4
如	摩	界	香	識	空	諸	智	如	是	是	界	5
等	是	阿	夢	真	僧	利	心	等	耀	耀	阿	6
智	耀	有	般	羅	声	空	法	智	想	想	有	7
心	想	摩	界	世	多	僧	生	心	如	如	摩	8
法	如	是	阿	香	識	声	諸	法	等	等	是	9
生	等	耀	有	夢	真	多	利	生	智	智	耀	10
諸	智	想	摩	受	羅	多	空	諸	心	心	想	11
利	心	如	是	般	世	識	僧	利	法	心	如	12
空	法	等	耀	界	香	真	声	利	生	法	等	13
僧	生	智	想	阿	夢	羅	多	空	生	生	智	14
声	諸	心	如	有	受	世	識	僧	諸	諸	心	15
多	利	法	等	摩	般	香	真	声	利	利	法	16
識	空	生	智	是	界	夢	羅	多	空	空	生	17
真	僧	諸	心	耀	阿	受	世	識	僧	僧	諸	18
羅	声	利	法	想	有	般	香	真	声	声	利	19
世	多	空	生	如	摩	界	夢	羅	多	多	空	20
香	識	僧	諸	等	是	阿	受	世	識	識	僧	21
夢	真	声	利	智	耀	有	般	香	真	真	声	22
受	羅	多	空	心	想	摩	界	夢	羅	羅	多	23
般	世	識	僧	法	如	是	阿	受	世	世	識	24
界	香	真	声	生	等	耀	有	般	香	香	真	25
阿	夢	羅	多	諸	智	想	摩	界	夢	夢	羅	26
有	受	世	識	利	心	如	是	阿	受	受	世	27
摩	般	香	真	空	法	等	耀	有	般	般	香	28
是	界	夢	羅	僧	生	智	想	摩	界		夢	29
耀	阿	受	世	声	諸	心	如	是	阿		受	30
想		般		多	利		等		有		般	31

2003年（平成15年）

12月	11月	10月	9月	8月	7月	6月	5月	4月	3月	2月	1月	
諸	心	想	摩	般	羅	識	僧	利	法	心	如	1
利	法	如	是	界	世	真	声	利	生	法	等	2
空	生	等	耀	阿	香	羅	多	空	生	生	等	3
僧	諸	智	想	有	夢	世	識	僧	諸	諸	智	4
声	利	心	如	摩	受	香	真	声	利	利	心	5
多	空	法	等	是	般	夢	羅	多	空	空	法	6
識	僧	生	智	耀	界	受	世	識	僧	僧	生	7
真	声	諸	心	想	阿	般	香	真	声	声	諸	8
羅	多	利	法	如	有	界	夢	羅	多	多	利	9
世	識	空	生	等	摩	阿	受	世	識	識	空	10
香	真	僧	諸	智	是	有	般	香	真	真	僧	11
夢	羅	声	利	心	耀	摩	界	夢	羅	羅	声	12
受	世	多	空	法	想	是	阿	受	世	世	多	13
般	香	識	僧	生	如	耀	有	般	香	香	識	14
界	夢	真	声	諸	等	想	摩	界	夢	夢	真	15
阿	受	羅	多	利	智	如	是	阿	受	受	羅	16
有	般	世	識	空	心	等	耀	有	般	般	世	17
摩	界	香	真	僧	法	智	想	摩	界	界	香	18
是	阿	夢	羅	声	生	心	如	是	阿	阿	夢	19
耀	有	受	世	多	諸	法	等	耀	有	有	受	20
想	摩	般	香	識	利	生	智	想	摩	摩	般	21
如	是	界	夢	真	空	諸	心	如	是	是	界	22
等	耀	阿	受	羅	僧	利	法	等	耀	耀	阿	23
智	想	有	般	世	声	空	生	智	想	想	有	24
心	如	摩	界	香	多	僧	諸	心	如	如	摩	25
法	等	是	阿	夢	識	声	利	法	等	等	是	26
生	智	耀	有	受	真	多	空	生	智	智	耀	27
諸	心	想	摩	般	羅	識	僧	諸	心	心	想	28
利	法	如	是	界	香	真	声	利	法		如	29
空	生	等	耀	阿	夢	真	多	空	生		等	30
僧		智		有	受		多		諸		智	31

2004年（平成16年）

12月	11月	10月	9月	8月	7月	6月	5月	4月	3月	2月	1月	
世	識	僧	生	等	是	有	般	香	世	真	声	1
香	真	声	諸	智	耀	摩	界	夢	香	羅	多	2
夢	羅	多	利	心	想	是	阿	受	夢	世	識	3
受	世	識	空	法	如	耀	有	般	受	香	真	4
般	香	真	僧	生	等	想	摩	界	般	夢	羅	5
界	夢	羅	声	諸	智	如	是	阿	界	受	世	6
阿	受	世	多	利	心	等	耀	有	阿	般	香	7
有	般	香	識	空	法	智	想	摩	有	界	夢	8
摩	界	夢	真	僧	生	心	如	是	摩	阿	受	9
是	阿	受	羅	声	諸	法	等	耀	是	有	般	10
耀	有	般	世	多	利	生	智	想	耀	摩	界	11
想	摩	界	香	識	空	諸	心	如	想	是	阿	12
如	是	阿	夢	真	僧	利	法	等	如	耀	有	13
等	耀	阿	般	羅	声	空	生	智	等	想	摩	14
智	想	有	界	世	多	僧	諸	心	智	如	是	15
心	如	摩	阿	香	識	声	利	法	心	等	耀	16
法	等	是	有	夢	真	多	空	生	法	智	想	17
生	智	耀	摩	受	羅	多	僧	諸	生	心	如	18
諸	心	想	是	般	世	識	僧	利	諸	法	等	19
利	法	如	耀	界	香	真	声	空	利	生	智	20
空	生	等	想	阿	夢	羅	多	僧	生	諸	心	21
僧	諸	智	如	有	受	世	識	声	諸	利	心	22
声	利	心	等	摩	般	香	真	多	利	空	法	23
多	空	法	智	是	界	夢	羅	識	空	僧	生	24
識	僧	生	心	耀	阿	受	世	真	僧	声	諸	25
真	声	諸	法	想	有	般	香	羅	声	多	利	26
羅	多	利	生	如	摩	界	夢	世	多	識	空	27
世	識	空	諸	等	是	阿	受	香	識	真	僧	28
香	真	僧	利	智	耀	有	般	夢	真	羅	声	29
夢	羅	声	空	心	想	摩	界	受	羅		多	30
受		多		法	如		阿		世		識	31

2005年（平成17年）

12月	11月	10月	9月	8月	7月	6月	5月	4月	3月	2月	1月	
耀	摩	般	香	識	空	諸	智	如	摩	摩	般	1
想	摩	界	夢	真	僧	利	心	等	是	是	界	2
如	是	阿	受	羅	声	空	法	智	耀	耀	阿	3
等	耀	有	般	世	多	僧	生	心	想	想	有	4
智	想	摩	界	香	識	声	諸	法	如	如	摩	5
心	如	是	阿	夢	真	多	利	生	等	等	是	6
法	等	耀	有	受	羅	多	空	諸	智	智	耀	7
生	智	想	摩	般	世	識	僧	利	心	心	想	8
諸	心	如	是	界	香	真	声	利	法	心	如	9
利	法	等	耀	阿	夢	羅	多	空	生	法	等	10
空	生	智	想	有	受	世	識	僧	諸	生	智	11
僧	諸	心	如	摩	般	香	真	声	利	諸	心	12
声	利	法	等	是	界	夢	羅	多	空	利	法	13
多	空	生	智	耀	阿	受	世	識	僧	空	生	14
識	僧	諸	心	想	有	般	香	真	声	僧	諸	15
真	声	利	法	如	摩	界	夢	羅	多	声	利	16
羅	多	空	生	等	是	阿	受	世	識	多	空	17
世	識	僧	諸	智	耀	有	般	香	真	識	僧	18
香	真	声	利	心	想	摩	界	夢	羅	真	声	19
夢	羅	多	空	法	如	是	阿	受	世	羅	多	20
受	世	識	僧	生	等	耀	有	般	香	世	識	21
般	香	真	声	諸	智	想	摩	界	夢	香	真	22
界	夢	羅	多	利	心	如	是	阿	受	夢	羅	23
阿	受	世	識	空	法	等	耀	有	般	受	世	24
有	般	香	真	僧	生	智	想	摩	界	般	香	25
摩	界	夢	羅	声	諸	心	如	是	阿	界	夢	26
是	阿	受	世	多	利	法	等	耀	有	阿	受	27
耀	有	般	香	識	空	生	智	想	摩	有	般	28
想	摩	界	夢	真	僧	諸	心	如	是		界	29
如	是	阿	受	羅	声	利	法	等	耀		阿	30
等		有		世	多		生		想		有	31

2007年（平成19年）

12月	11月	10月	9月	8月	7月	6月	5月	4月	3月	2月	1月	
夢	世	識	空	法	如	是	阿	受	羅	羅	多	1
受	香	真	僧	生	等	耀	有	般	世	世	識	2
般	夢	羅	声	諸	智	想	摩	界	香	香	真	3
界	受	世	多	利	心	如	是	阿	夢	夢	羅	4
阿	般	香	識	空	法	等	耀	有	受	受	世	5
有	界	夢	真	僧	生	智	想	摩	般	般	香	6
摩	阿	受	羅	声	諸	心	如	是	界	界	夢	7
是	有	般	世	多	利	法	等	耀	阿	阿	受	8
耀	摩	界	香	識	空	生	智	想	有	有	般	9
想	摩	阿	夢	真	僧	諸	心	如	摩	摩	界	10
如	是	阿	般	羅	声	利	法	等	是	是	阿	11
等	耀	有	界	世	多	空	生	智	耀	耀	有	12
智	想	摩	阿	香	識	僧	諸	心	想	想	摩	13
心	如	是	有	夢	真	声	利	法	如	如	是	14
法	等	耀	摩	受	羅	多	空	生	等	等	耀	15
生	智	想	是	般	世	識	僧	諸	智	智	想	16
諸	心	如	耀	界	香	真	僧	利	心	心	如	17
利	法	等	想	阿	夢	羅	声	空	法	心	等	18
空	生	智	如	有	受	世	多	僧	生	法	等	19
僧	諸	心	等	摩	般	香	識	声	諸	生	智	20
声	利	法	智	是	界	夢	真	多	利	諸	心	21
多	空	生	心	耀	阿	受	羅	識	空	利	法	22
識	僧	諸	法	想	有	般	世	真	僧	空	生	23
真	声	利	生	如	摩	界	香	羅	声	僧	諸	24
羅	多	空	諸	等	是	阿	夢	世	多	声	利	25
世	識	僧	利	智	耀	有	受	香	識	多	空	26
香	真	声	空	心	想	摩	般	夢	真	識	僧	27
夢	羅	多	僧	法	如	是	界	受	羅	真	声	28
受	世	識	声	生	等	耀	阿	般	世		多	29
般	香	真	多	諸	智	想	有	界	香		識	30
界		羅		利	心		摩		夢		真	31

2006年（平成18年）

12月	11月	10月	9月	8月	7月	6月	5月	4月	3月	2月	1月	
諸	法	等	是	摩	受	香	識	声	諸	諸	智	1
利	生	智	耀	是	般	夢	真	多	利	利	心	2
空	諸	心	想	耀	界	受	羅	識	空	空	法	3
僧	利	法	如	想	阿	般	世	真	僧	僧	生	4
声	空	生	等	如	有	界	香	羅	声	声	諸	5
多	僧	諸	智	等	摩	阿	夢	世	多	多	利	6
識	声	利	心	智	是	有	受	香	識	識	空	7
真	多	空	法	心	耀	摩	般	夢	真	真	僧	8
羅	識	僧	生	法	想	是	界	受	羅	羅	声	9
世	真	声	諸	生	如	耀	阿	般	世	世	多	10
香	羅	多	利	諸	等	想	有	界	香	香	識	11
夢	世	識	空	利	智	如	摩	阿	夢	夢	真	12
受	香	真	僧	空	心	等	是	有	受	受	羅	13
般	夢	羅	声	僧	法	智	耀	摩	般	般	世	14
界	受	世	多	声	生	心	想	是	界	界	香	15
阿	般	香	識	多	諸	法	如	耀	阿	阿	夢	16
有	界	夢	真	識	利	生	等	想	有	有	受	17
摩	阿	受	羅	真	空	諸	智	如	摩	摩	般	18
是	有	般	世	羅	僧	利	心	等	是	是	界	19
想	摩	界	香	世	声	空	法	智	耀	耀	阿	20
如	摩	阿	夢	香	多	僧	生	心	想	想	有	21
等	是	阿	般	夢	識	声	諸	法	如	如	摩	22
智	耀	有	界	受	真	多	利	生	等	等	是	23
心	想	摩	阿	香	羅	識	空	諸	智	智	耀	24
法	如	是	有	夢	香	真	僧	利	心	心	想	25
生	等	耀	摩	受	夢	真	声	空	法	法	如	26
諸	智	想	是	般	受	羅	多	僧	生	生	等	27
利	心	如	耀	界	般	世	識	僧	諸	生	智	28
空	法	等	想	阿	界	香	真	声	利		心	29
僧	生	智	如	有	阿	夢	羅	多	空		法	30
声		心		摩	有		世		僧		生	31

2008年（平成20年）

12月	11月	10月	9月	8月	7月	6月	5月	4月	3月	2月	1月	
智	想	摩	界	香	多	僧	生	智	想	耀	阿	1
心	如	是	阿	夢	識	声	諸	心	如	想	有	2
法	等	耀	有	受	真	多	利	法	等	如	摩	3
生	智	想	摩	般	羅	多	空	生	智	等	是	4
諸	心	如	是	界	世	識	僧	諸	心	智	耀	5
利	法	等	耀	阿	香	真	声	利	法	心	想	6
空	生	智	想	有	夢	羅	多	空	生	心	如	7
僧	諸	心	如	摩	受	世	識	僧	生	法	等	8
声	利	法	等	是	般	香	真	声	諸	生	智	9
多	空	生	智	耀	界	夢	羅	多	利	諸	心	10
識	僧	諸	心	想	阿	受	世	識	空	利	法	11
真	声	利	法	如	有	般	香	真	僧	空	生	12
羅	多	空	生	等	摩	界	夢	羅	声	僧	諸	13
世	識	僧	諸	智	是	阿	受	世	多	声	利	14
香	真	声	利	心	耀	有	般	香	識	多	空	15
夢	羅	多	空	法	想	摩	界	夢	真	識	僧	16
受	世	識	僧	生	如	是	阿	受	羅	真	声	17
般	香	真	声	諸	等	耀	有	般	世	羅	多	18
界	夢	羅	多	利	智	想	摩	界	香	世	識	19
阿	受	世	識	空	心	如	是	阿	夢	香	真	20
有	般	香	真	僧	法	等	耀	有	受	夢	羅	21
摩	界	夢	羅	声	生	智	想	摩	般	受	世	22
是	阿	受	世	多	諸	心	如	是	界	般	香	23
耀	有	般	香	識	利	法	等	耀	阿	界	夢	24
想	摩	界	夢	真	空	生	智	想	有	阿	受	25
如	是	阿	受	羅	僧	諸	心	如	摩	有	般	26
等	耀	有	般	世	声	利	法	等	是	摩	界	27
智	想	摩	界	香	多	空	生	智	耀	是	阿	28
心	如	摩	阿	夢	識	僧	諸	心	想	耀	有	29
法	等	是	有	受	真	声	利	法	如		摩	30
生		耀		般	羅		空		等		是	31

2009年（平成21年）

12月	11月	10月	9月	8月	7月	6月	5月	4月	3月	2月	1月	
声	空	法	等	摩	般	般	世	識	僧	僧	諸	1
多	僧	生	智	是	界	界	香	真	声	声	利	2
識	声	諸	心	耀	阿	阿	夢	羅	多	多	空	3
真	多	利	法	想	有	有	受	世	識	識	僧	4
羅	識	空	生	如	摩	摩	般	香	真	真	声	5
世	真	僧	諸	等	是	是	界	夢	羅	羅	多	6
香	羅	声	利	智	耀	耀	阿	受	世	世	識	7
夢	世	多	空	心	想	想	有	般	香	香	真	8
受	香	識	僧	法	如	如	摩	界	夢	夢	羅	9
般	夢	真	声	生	等	等	是	阿	受	受	世	10
界	受	羅	多	諸	智	智	耀	有	般	般	香	11
阿	般	世	識	利	心	心	想	摩	界	界	夢	12
有	界	香	真	空	法	法	如	是	阿	阿	受	13
摩	阿	夢	羅	僧	生	生	等	耀	有	有	般	14
是	有	受	世	声	諸	諸	智	想	摩	摩	界	15
想	摩	般	香	多	利	利	心	如	是	是	阿	16
如	摩	界	夢	識	空	空	法	等	耀	耀	有	17
等	是	阿	受	真	僧	僧	生	智	想	想	摩	18
智	耀	有	般	羅	声	声	諸	心	如	如	是	19
心	想	摩	界	香	多	多	利	法	等	等	耀	20
法	如	是	阿	夢	識	識	空	生	智	智	想	21
生	等	耀	有	受	真	真	僧	諸	心	心	如	22
諸	智	想	摩	般	羅	多	声	利	法	法	等	23
利	心	如	是	界	世	識	多	空	生	生	智	24
空	法	等	耀	阿	香	真	識	僧	諸	生	心	25
僧	生	智	想	有	夢	羅	真	声	利	諸	心	26
声	諸	心	如	摩	受	世	羅	多	利	利	法	27
多	利	法	等	是	般	香	世	識	空	空	生	28
識	空	生	智	耀	界	夢	香	真	僧		諸	29
真	僧	諸	心	想	阿	受	夢	羅	声		利	30
羅		利		如	有		受		多		空	31

2010年（平成22年）

12月	11月	10月	9月	8月	7月	6月	5月	4月	3月	2月	1月	
阿	受	世	多	諸	心	如	是	阿	受	受	世	1
有	般	香	識	利	法	等	耀	有	般	般	香	2
摩	界	夢	真	空	生	智	想	摩	界	界	夢	3
是	阿	受	羅	僧	諸	心	如	是	阿	阿	受	4
耀	有	般	世	声	利	法	等	耀	有	有	般	5
想	摩	界	香	多	空	生	智	想	摩	摩	界	6
如	是	阿	夢	識	僧	諸	心	如	是	是	阿	7
等	耀	阿	般	真	声	利	法	等	耀	耀	有	8
智	想	有	界	羅	多	空	生	智	想	想	摩	9
心	如	摩	阿	香	識	僧	諸	心	如	如	是	10
法	等	是	有	夢	真	声	利	法	等	等	耀	11
生	智	耀	摩	受	真	多	空	生	智	智	想	12
諸	心	想	是	般	羅	識	僧	諸	心	心	如	13
利	法	如	耀	界	世	真	僧	利	法	心	等	14
空	生	等	想	阿	香	羅	声	空	生	法	等	15
僧	諸	智	如	有	夢	世	多	僧	生	生	智	16
声	利	心	等	摩	受	香	識	声	諸	諸	心	17
多	空	法	智	是	般	夢	真	多	利	利	法	18
識	僧	生	心	耀	界	受	羅	識	空	空	生	19
真	声	諸	法	想	阿	般	世	真	僧	僧	諸	20
羅	多	利	生	如	有	界	香	羅	声	声	利	21
世	識	空	諸	等	摩	阿	夢	世	多	多	空	22
香	真	僧	利	智	是	有	受	香	識	識	僧	23
夢	羅	声	空	心	耀	摩	般	夢	真	真	声	24
受	世	多	僧	法	想	是	界	受	羅	羅	多	25
般	香	識	声	生	如	耀	阿	般	世	世	識	26
界	夢	真	多	諸	等	想	有	界	香	香	真	27
阿	受	羅	識	利	智	如	摩	阿	夢	夢	羅	28
有	般	世	真	空	心	等	是	有	受		世	29
摩	界	香	羅	僧	法	智	耀	摩	般		香	30
是		夢		声	生		想		界		夢	31

2011年（平成23年）

12月	11月	10月	9月	8月	7月	6月	5月	4月	3月	2月	1月	
生	等	耀	有	夢	真	多	空	生	智	智	耀	1
諸	智	想	摩	受	羅	多	僧	諸	心	心	想	2
利	心	如	是	般	世	識	僧	利	法	心	如	3
空	法	等	耀	界	香	真	声	空	生	法	等	4
僧	生	智	想	阿	夢	羅	多	僧	生	生	智	5
声	諸	心	如	有	受	世	識	声	諸	諸	心	6
多	利	法	等	摩	般	香	真	多	利	利	法	7
識	空	生	智	是	界	夢	羅	識	空	空	生	8
真	僧	諸	心	耀	阿	受	世	真	僧	僧	諸	9
羅	声	利	法	想	有	般	香	羅	声	声	利	10
世	多	空	生	如	摩	界	夢	世	多	多	空	11
香	識	僧	諸	等	是	阿	受	香	識	識	僧	12
夢	真	声	利	智	耀	有	般	夢	真	真	声	13
受	羅	多	空	心	想	摩	界	受	羅	羅	多	14
般	世	識	僧	法	如	是	阿	般	世	世	識	15
界	香	真	声	生	等	耀	有	界	香	香	真	16
阿	夢	羅	多	諸	智	想	摩	阿	夢	夢	羅	17
有	般	世	識	利	心	如	是	有	受	受	世	18
摩	界	香	真	空	法	等	耀	摩	般	般	香	19
是	阿	夢	羅	僧	生	智	想	是	界	界	夢	20
耀	智	受	世	声	諸	心	如	耀	阿	阿	受	21
想	有	般	香	多	利	法	等	想	有	有	般	22
如	摩	界	夢	識	空	生	智	如	摩	摩	界	23
等	是	阿	受	真	僧	諸	心	等	是	是	阿	24
等	想	有	般	羅	声	利	法	智	耀	耀	有	25
智	如	摩	界	世	多	空	生	心	想	想	摩	26
心	等	摩	阿	香	識	僧	諸	法	如	如	是	27
法	智	是	有	夢	真	声	利	生	等	等	耀	28
生	心	耀	摩	般	羅	多	空	諸	智		想	29
諸	法	想	是	界	世	識	僧	利	心		如	30
利		如		阿	香		声		法		等	31

2012年（平成24年）

12月	11月	10月	9月	8月	7月	6月	5月	4月	3月	2月	1月	
真	多	利	心	想	有	界	夢	夢	真	識	空	1
羅	識	空	法	如	摩	阿	受	受	羅	真	僧	2
世	真	僧	生	等	是	有	般	般	世	羅	声	3
香	羅	声	諸	智	耀	摩	界	界	香	世	多	4
夢	世	多	利	心	想	是	阿	阿	夢	香	識	5
受	香	識	空	法	如	耀	有	有	受	夢	真	6
般	夢	真	僧	生	等	想	摩	摩	般	受	羅	7
界	受	羅	声	諸	智	如	是	是	界	般	世	8
阿	般	世	多	利	心	等	耀	耀	阿	界	香	9
有	界	香	識	空	法	智	想	想	有	阿	夢	10
摩	阿	夢	真	僧	生	心	如	如	摩	有	受	11
是	有	受	羅	声	諸	法	等	等	是	摩	般	12
想	摩	般	世	多	利	生	智	智	耀	是	界	13
如	摩	界	香	識	空	諸	心	心	想	耀	阿	14
等	是	阿	夢	真	僧	利	法	法	如	想	有	15
智	耀	有	般	羅	声	空	生	生	等	如	摩	16
心	想	摩	界	世	多	僧	諸	諸	智	等	是	17
法	如	是	阿	香	識	声	利	利	心	智	耀	18
生	等	耀	有	夢	真	多	空	空	法	心	想	19
諸	智	想	摩	受	羅	多	僧	僧	生	法	如	20
利	心	如	是	般	世	識	僧	利	諸	生	等	21
空	法	等	耀	界	香	真	声	空	利	生	智	22
僧	生	智	想	阿	夢	羅	多	僧	空	諸	心	23
声	諸	心	如	有	受	世	識	声	僧	利	法	24
多	利	法	等	摩	般	香	真	多	声	空	生	25
識	空	生	智	是	界	夢	羅	識	多	僧	諸	26
真	僧	諸	心	耀	阿	受	世	真	識	声	利	27
羅	声	利	法	想	有	般	香	羅	真	多	空	28
世	多	空	生	如	摩	界	夢	世	羅	識	僧	29
香	識	僧	諸	等	是	阿	受	香	世		声	30
夢		声		智	耀		般		香		多	31

2013年（平成25年）

12月	11月	10月	9月	8月	7月	6月	5月	4月	3月	2月	1月	
是	阿	受	羅	声	諸	法	等	耀	有	阿	受	1
耀	有	般	世	多	利	生	智	想	摩	有	般	2
想	摩	界	香	識	空	諸	心	如	是	摩	界	3
如	是	阿	夢	真	僧	利	法	等	耀	是	阿	4
等	耀	阿	般	羅	声	空	生	智	想	耀	有	5
智	想	有	界	世	多	僧	諸	心	如	想	摩	6
心	如	摩	阿	香	識	声	利	法	等	如	是	7
法	等	是	有	夢	真	多	空	生	智	等	耀	8
生	智	耀	摩	受	羅	多	僧	諸	心	智	想	9
諸	心	想	是	般	世	識	僧	利	法	心	如	10
利	法	如	耀	界	香	真	声	空	生	法	等	11
空	生	等	想	阿	夢	羅	多	僧	生	生	等	12
僧	諸	智	如	有	受	世	識	声	諸	諸	智	13
声	利	心	等	摩	般	香	真	多	利	利	心	14
多	空	法	智	是	界	夢	羅	識	空	空	法	15
識	僧	生	心	耀	阿	受	世	真	僧	僧	生	16
真	声	諸	法	想	有	般	香	羅	声	声	諸	17
羅	多	利	生	如	摩	界	夢	世	多	多	利	18
世	識	空	諸	等	是	阿	受	香	識	識	空	19
香	真	僧	利	智	耀	有	般	夢	真	真	僧	20
夢	羅	声	空	心	想	摩	界	受	羅	羅	声	21
受	世	多	僧	法	如	是	阿	般	世	世	多	22
般	香	識	声	生	等	耀	有	界	香	香	識	23
界	夢	真	多	諸	智	想	摩	阿	夢	夢	真	24
阿	受	羅	識	利	心	如	是	有	受	受	羅	25
有	般	世	真	空	法	等	耀	摩	般	般	世	26
摩	界	香	羅	僧	生	智	想	是	界	界	香	27
是	阿	夢	世	声	諸	心	如	耀	阿	阿	夢	28
耀	有	受	香	多	利	法	等	想	有		受	29
想	摩	般	夢	識	空	生	智	如	摩		般	30
如		界		真	僧		心		是		界	31

2014年（平成26年）

12月	11月	10月	9月	8月	7月	6月	5月	4月	3月	2月	1月	
生	智	等	想	阿	夢	羅	多	空	生	法	等	1
諸	心	智	如	有	受	世	識	僧	諸	生	智	2
利	法	心	等	摩	般	香	真	声	利	諸	心	3
空	生	法	智	是	界	夢	羅	多	空	利	法	4
僧	諸	生	心	耀	阿	受	世	識	僧	空	生	5
声	利	諸	法	想	有	般	香	真	声	僧	諸	6
多	空	利	生	如	摩	界	夢	羅	多	声	利	7
識	僧	空	諸	等	是	阿	受	世	識	多	空	8
真	声	僧	利	智	耀	有	般	香	真	識	僧	9
羅	多	声	空	心	想	摩	界	夢	羅	真	声	10
世	識	多	僧	法	如	是	阿	受	世	羅	多	11
香	真	識	声	生	等	耀	有	般	香	世	識	12
夢	羅	真	多	諸	智	想	摩	界	夢	香	真	13
受	世	羅	識	利	心	如	是	阿	受	夢	羅	14
般	香	世	真	空	法	等	耀	有	般	受	世	15
界	夢	香	羅	僧	生	智	想	摩	界	般	香	16
阿	受	夢	世	声	諸	心	如	是	阿	界	夢	17
有	般	受	香	多	利	法	等	耀	有	阿	受	18
摩	界	般	夢	識	空	生	智	想	摩	有	般	19
是	阿	界	受	真	僧	諸	心	如	是	摩	界	20
耀	有	阿	般	羅	声	利	法	等	耀	是	阿	21
想	摩	有	界	世	多	空	生	智	想	耀	有	22
如	是	摩	阿	香	識	僧	諸	心	如	想	摩	23
等	耀	阿	阿	夢	真	声	利	法	等	如	是	24
智	想	有	有	般	羅	多	空	生	智	等	耀	25
心	如	摩	摩	界	世	識	僧	諸	心	智	想	26
法	等	是	是	阿	香	真	声	利	法	心	如	27
生	智	耀	耀	有	夢	羅	多	空	生	法	等	28
諸	心	想	想	摩	受	世	多	僧	諸		智	29
利	法	如	如	是	般	香	識	声	利		心	30
空		等		耀	界		真		利		心	31

2015年（平成27年）

12月	11月	10月	9月	8月	7月	6月	5月	4月	3月	2月	1月	
世	真	声	利	智	想	摩	般	夢	真	真	僧	1
香	羅	多	空	心	如	是	界	受	羅	羅	声	2
夢	世	識	僧	法	等	耀	阿	般	世	世	多	3
受	香	真	声	生	智	想	有	界	香	香	識	4
般	夢	羅	多	諸	心	如	摩	阿	夢	夢	真	5
界	受	世	識	利	法	等	是	有	受	受	羅	6
阿	般	香	真	空	生	智	耀	摩	般	般	世	7
有	界	夢	羅	僧	諸	心	想	是	界	界	香	8
摩	阿	受	世	声	利	法	如	耀	阿	阿	夢	9
是	有	般	香	多	空	生	等	想	有	有	受	10
想	摩	界	夢	識	僧	諸	智	如	摩	摩	般	11
如	摩	阿	受	真	声	利	心	等	是	是	界	12
等	是	阿	般	羅	多	空	法	智	耀	耀	阿	13
智	耀	有	界	香	識	僧	生	心	想	想	有	14
心	想	摩	阿	夢	真	声	諸	法	如	如	摩	15
法	如	是	有	受	真	多	利	生	等	等	是	16
生	等	耀	摩	般	羅	識	空	諸	智	智	耀	17
諸	智	想	是	界	世	真	僧	利	心	心	想	18
利	心	如	耀	阿	香	羅	声	利	法	心	如	19
空	法	等	想	有	夢	世	多	空	生	法	等	20
僧	生	智	如	摩	受	香	識	僧	諸	生	智	21
声	諸	心	等	是	般	夢	真	声	利	諸	心	22
多	利	法	智	耀	界	受	羅	多	空	利	法	23
識	空	生	心	想	阿	般	世	識	僧	空	生	24
真	僧	諸	法	如	有	界	香	真	声	僧	諸	25
羅	声	利	生	等	摩	阿	夢	羅	多	声	利	26
世	多	空	諸	智	是	有	受	世	識	多	空	27
香	識	僧	利	心	耀	摩	般	香	真	識	僧	28
夢	真	声	空	法	想	是	界	夢	羅		声	29
受	羅	多	僧	生	如	耀	阿	受	世		多	30
般		識		諸	等		有		香		識	31

2016年（平成28年）

12月	11月	10月	9月	8月	7月	6月	5月	4月	3月	2月	1月	
等	是	阿	般	羅	声	利	法	等	耀	摩	界	1
智	耀	有	界	世	多	空	生	智	想	是	阿	2
心	想	摩	阿	香	識	僧	諸	心	如	耀	有	3
法	如	是	有	夢	真	声	利	法	等	想	摩	4
生	等	耀	摩	受	羅	多	空	生	智	如	是	5
諸	智	想	是	般	世	識	僧	諸	心	等	耀	6
利	心	如	耀	界	香	真	僧	利	法	智	想	7
空	法	等	想	阿	夢	羅	声	空	生	心	如	8
僧	生	智	如	有	受	世	多	僧	生	法	等	9
声	諸	心	等	摩	般	香	識	声	諸	生	等	10
多	利	法	智	是	界	夢	真	多	利	諸	智	11
識	空	生	心	耀	阿	受	羅	識	空	利	心	12
真	僧	諸	法	想	有	般	世	真	僧	空	法	13
羅	声	利	生	如	摩	界	香	羅	声	僧	生	14
世	多	空	諸	等	是	阿	夢	世	多	声	諸	15
香	識	僧	利	智	耀	有	受	香	識	多	利	16
夢	真	声	空	心	想	摩	般	夢	真	識	空	17
受	羅	多	僧	法	如	是	界	受	羅	真	僧	18
般	世	識	声	生	等	耀	阿	般	世	羅	声	19
界	香	真	多	諸	智	想	有	界	香	世	多	20
阿	夢	羅	識	利	心	如	摩	阿	夢	香	識	21
有	受	世	真	空	法	等	是	有	受	夢	真	22
摩	般	香	羅	僧	生	智	耀	摩	般	受	羅	23
是	界	夢	世	声	諸	心	想	是	界	般	世	24
耀	阿	受	香	多	利	法	如	耀	阿	界	香	25
想	有	般	夢	識	空	生	等	想	有	阿	夢	26
如	摩	界	受	真	僧	諸	智	如	摩	有	受	27
等	是	阿	般	羅	声	利	心	等	是	摩	般	28
等	想	有	界	世	多	空	法	智	耀	是	界	29
智	如	摩	阿	香	識	僧	生	心	想		阿	30
心		摩		夢	真		諸		如		有	31

2017年（平成29年）

12月	11月	10月	9月	8月	7月	6月	5月	4月	3月	2月	1月	
僧	諸	心	想	有	受	夢	羅	多	空	利	法	1
声	利	法	如	摩	般	受	世	識	僧	空	生	2
多	空	生	等	是	界	般	香	真	声	僧	諸	3
識	僧	諸	智	耀	阿	界	夢	羅	多	声	利	4
真	声	利	心	想	有	阿	受	世	識	多	空	5
羅	多	空	法	如	摩	有	般	香	真	識	僧	6
世	識	僧	生	等	是	摩	界	夢	羅	真	声	7
香	真	声	諸	智	耀	是	阿	受	世	羅	多	8
夢	羅	多	利	心	想	耀	有	般	香	世	識	9
受	世	識	空	法	如	想	摩	界	夢	香	真	10
般	香	真	僧	生	等	如	是	阿	受	夢	羅	11
界	夢	羅	声	諸	智	等	耀	有	般	受	世	12
阿	受	世	多	利	心	智	想	摩	界	般	香	13
有	般	香	識	空	法	心	如	是	阿	界	夢	14
摩	界	夢	真	僧	生	法	等	耀	有	阿	受	15
是	阿	受	羅	声	諸	生	智	想	摩	有	般	16
耀	有	般	世	多	利	諸	心	如	是	摩	界	17
想	摩	界	香	識	空	利	法	等	耀	是	阿	18
如	是	阿	夢	真	僧	空	生	智	想	耀	有	19
等	耀	阿	般	羅	声	僧	諸	心	如	想	摩	20
智	想	有	界	世	多	声	利	法	等	如	是	21
心	如	摩	阿	香	識	多	空	生	智	等	耀	22
法	等	是	有	夢	真	識	僧	諸	心	智	想	23
生	智	耀	摩	受	羅	多	声	利	法	心	如	24
諸	心	想	是	般	世	識	多	空	生	法	等	25
利	法	如	耀	界	香	真	多	僧	諸	生	智	26
空	生	等	想	阿	夢	羅	識	声	利	諸	心	27
僧	諸	智	如	有	受	世	真	多	利	利	心	28
声	利	心	等	摩	般	香	羅	識	空		法	29
多	空	法	智	是	界	夢	世	真	僧		生	30
識		生		耀	阿		香		声		諸	31

おわりに

『赤と黒の占術』という本を出版しようと決意してから、無我夢中で今日まで頑張ってきました。本の執筆は初めてで、わからないことだらけでしたが、なんとか自分の思いを本というかたちにすることができました。

本書を執筆するにあたり多大なるご協力をして下さったお二人、監修のすみだ喜子先生と執筆アシスタントのbad appleさんに、心より感謝するとともに、本書発行にあたってお話をお伺いしたいと思います。

（以降、対談形式で）

著者　まずは、すみだ先生。先生から「赤と黒」というタイトルをいただきましたが、先生にとって「赤と黒」とはどういうイメージのものですか？

すみだ喜子　私にとって「赤」とは「愛情、友情、成功」を表し、「黒」とは「憎しみ、別れ、失敗」を表すもので、この赤と黒は人の心の中で表裏一体《ひょうりいったい》のものであるというのが私の持つ「赤と黒」へのイメージですね。

「人間万事塞翁《さいおう》が馬」で、何が不幸の始まりで、何が幸運のきっかけになるのかはわからないけれど、占術は不幸を予想するものではなく、出会う人に夢を与え、危険を回避する手段として使われるものと私は思っています。

著者　この占術は空海が日本に伝えた宿曜経に原典があると言われていますが、空海と言えば高野山で、その高野山が今年、開山千二百年を迎えますが、先生の高野山への思いをお話しいただけますか？

すみだ喜子　高野山へは何度も足を運んでいますが、行く度に気持ちが引き締まり、自分の生き方を見つめ直せる所だと思っています。年齢・性別・社会的地位・国籍などを超えて、日々の生活で疲れきって汚れた心を洗い直してくれる聖地ともいえるので、開山千二百年を迎える今年、皆さんも是非、足を運ばれ、高野山の空気をご自身で感じてみてくださいね。

著者　次に執筆のお手伝いをして下さった bad apple さん。執筆中にもいろいろお話ししましたが、宿命球が羅球なので、もともと帝王球と言われ、人に頭を下げたり、援助を受けたりすることは苦手だけれど、いざという時には人に助けられる、一生涯ある種のツキがついてまわる球なので、恵みを与えることを忘れてはいけない宿命を持っているということをさかんにご自分でも言われていましたが、それについて一言。

Bad apple　今回の執筆中にＦＢで知り合ったお友達が「被災地の復興支援プロジェクト」を個人単位で震災後から行っていることを知り、震災から四年以上経った今、草の根の活動を続ける人たちの姿に感動したんですね。自分は直接何もできないけど、出来ることからやっていきたいと思い、今回の執筆料の一部を義援金として、この復興支援プロジェクト宛に送りたいと思っています。「羅球」なので、人に与えることをしていかないと運気が下がってしまいますしね（笑）。

すみだ喜子　そのとおりですね。世の中、何でも循環していくものだし、「悪」も循環すれば、「愛」も循環していくんですよね。私も今後、本を出版したいというたくさんの生徒と共に、bad appleさんの考えのように、自分たちが得られたものを還元していけたらいいなと思いますよ。

Bad apple　本を読んだ人が笑顔になってくれて、本から還元できた物で別の誰かが笑顔になってくれたら、やりがいあるし、嬉しいですよね。

著者　私もそう思います。この本を通して大切なことが見えてきたように思います。一人でも多くの人の笑顔を願い、日々、活動していきたいと思います。最後に、すみだ先生から一言お願いいたします。

すみだ喜子　私の一番好きな弘法大師空海の言葉を送りたいと思います。

「あなたの心が暗闇であれば、巡り合うものはすべて禍《わざわ》いとなります。

あなたの心が太陽であれば、出会うものはすべて宝となります。」

合掌

うすいはるみ
利球。群馬県生まれ。独自の創作人形を手がける。宿曜占術との出合いにより、仏人形を生み出す。現在は、さまざまな人の悩みを聞きながら癒やしの仏人形と共に幅広い分野で活躍中。
kikosumida@yahoo.co.jp

赤と黒の占術
勝者の占術〜不幸の法則

2015年3月25日　初版第1刷印刷
2015年3月31日　初版第1刷発行

著者　うすいはるみ
監修　すみだ喜子
発行者　和田肇
発行所　株式会社作品社
〒102-0072 東京都千代田区飯田橋2-7-4
TEL：03-3262-9753　FAX：03-3262-9757
http://www.sakuhinsha.com
振替口座 00160-3-27183

印刷・製本　シナノ印刷(株)

ISBN978-4-86182-525-5　C0076

勝者の占術

時空を超えて〜空海からのメッセージ

すみだ喜子

生年月日でズバリわかる、己に打ち克つ為の占星法！古代の人々の英知を現代に活かし、人間関係による、相性・性格・日の吉凶・年運・方位などを照らし合わせ、あなたを勝者へと導く。「命球早見表」付。